“十二五”普通高等教育本科国家级规划教材

工程制图习题集

第 4 版

张彤 刘斌 焦永和 主编

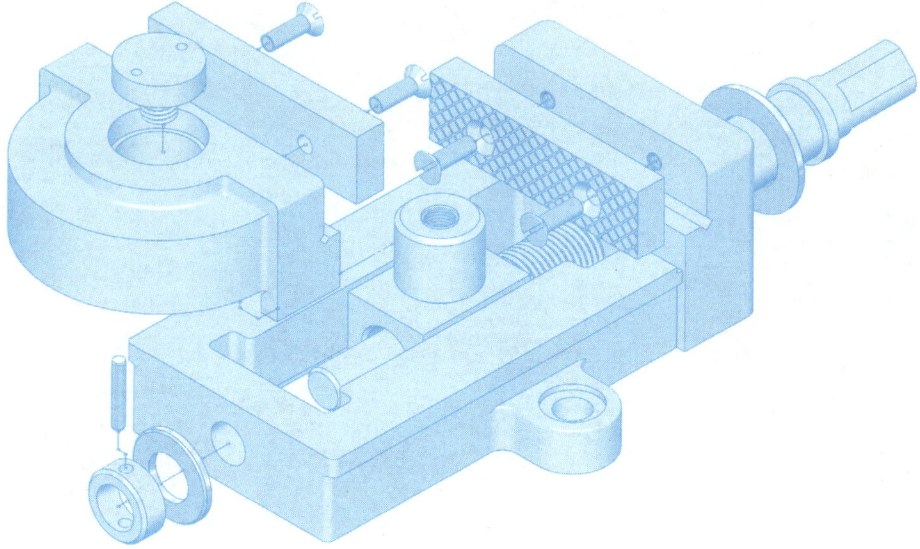

中国教育出版传媒集团
高等教育出版社 · 北京

内容提要

本习题集与张彤、刘斌、焦永和主编《工程制图》(第4版)配套使用。本套教材是“十二五”普通高等教育本科国家级规划教材，是在第3版的基础上根据教育部高等学校工程图学课程教学指导分委员会2019年制订的《高等学校工程图学课程教学基本要求》，参考国内、外同类教材，并根据作者多年的教学经验及近几年来的教学改革实践修订而成的。

本习题集的主要内容包括制图的基础知识、正投影基础、基本立体及其表面交线的投影、组合体的视图、轴测投影、图样画法、标准件与常用件、零件图、装配图、计算机绘图及三维建模设计基础等，各部分均有一定数量不同难度的习题可供选择，习题类型有作图题、选择题、改错题、填空题等。

本习题集配套有全部习题解答，部分习题解答以二维码链接的形式在习题集中呈现，习题集中的立体均配套有三维模型电子文件，为课程教学提供整体解决方案。

本习题集可作为高等学校本科近机械类、非机械类各专业的教材，也可供中等及高等职业院校的师生和有关的工程技术人员参考。

图书在版编目(CIP)数据

工程制图习题集 / 张彤，刘斌，焦永和主编. 4版. -- 北京 : 高等教育出版社, 2025. 8. -- ISBN 978-7-04-064826-3

Ⅰ. TB23-44

中国国家版本馆 CIP 数据核字第 2025NY0322 号

Gongcheng Zhitu Xitiji

策划编辑 薛立华　责任编辑 薛立华　封面设计 张 楠　版式设计 曹鑫怡
责任绘图 邓 超　责任校对 高 歌　责任印制 刘弘远

出版发行 高等教育出版社
社 址 北京市西城区德外大街4号
邮政编码 100120
印 刷 天津鑫丰华印务有限公司
开 本 787mm×1092mm 1/16
印 张 16
字 数 200千字
插 页 2
购书热线 010-58581118
咨询电话 400-810-0598

网 址 http://www.hep.edu.cn
http://www.hep.com.cn
网上订购 http://www.hepmall.com.cn
http://www.hepmall.com
http://www.hepmall.cn

版 次 2008年6月第1版
2025年8月第4版
印 次 2025年8月第1次印刷
定 价 33.60元

物 料 号 64826-00

新形态教材网使用说明

工程制图习题集

第4版

张彤 刘斌 焦永和 主编

1 计算机访问https://abooks.hep.com.cn/1270112或手机微信扫描下方二维码进入新形态教材网。

2 注册并登录后，计算机端进入“个人中心”，点击“绑定防伪码”，输入图书封底防伪码（20位密码，刮开涂层可见），完成课程绑定；或手机端点击“扫码”按钮，使用“扫码绑图书”功能，完成课程绑定。

3 在“个人中心”→“我的学习”或“我的图书”中选择本书，开始学习。

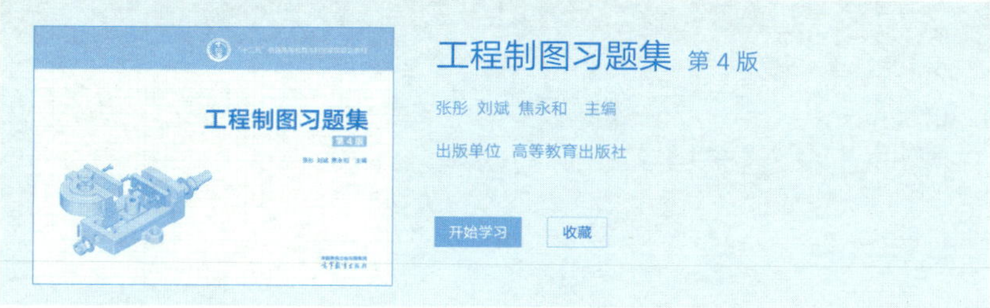

绑定成功后，课程使用有效期为一年。受硬件限制，部分内容可能无法在手机端显示，请按照提示通过计算机访问学习。

如有使用问题，请直接在页面点击答疑图标进行咨询。

https://abooks.hep.com.cn/1270112

第4版前言

本习题集与张彤、刘斌、焦永和主编《工程制图》(第4版)配套使用。本套教材是“十二五”普通高等教育本科国家级规划教材，是在第3版的基础上根据教育部高等学校工程图学课程教学指导分委员会2019年制订的《高等学校工程图学课程教学基本要求》，参考国内、外同类教材，根据作者多年的教学经验及近几年来的教学改革实践修订而成的。

本习题集的习题类型有作图题、选择题、改错题、填空题等，各部分内容均有一定数量不同难度的习题，可满足不同层次的教学需求。本次修订对个别习题进行了调整，全面改正了第3版中的错误和疏漏，并制作了全部习题解答和立体的三维模型等数字资源，部分习题解答有动画演示。以上数字资源在部分题目中以二维码链接的形式呈现，读者可通过扫描二维码查看。

参加本习题集修订工作的有：北京理工大学李弘恺(第一章)，刘燕斐(第三章)，焦永和(第四章)，张彤(第五、七章)，张昊(第六章)，刘涛涛(第十章部分习题)；北京工商大学刘斌(第八章、第十章部分习题)；北京理工大学(珠海)熊南峰(第二章)，薛广红(第九章)。本习题集由张彤、刘斌、焦永和任主编。

北京科技大学窦忠强教授认真审阅了本习题集并提出了许多宝贵意见，在此表示衷心的感谢。

由于水平所限，习题集中难免存在不当之处，恳请读者批评指正。

编者

2025年5月

目　　录

1-1 字体练习。

① 长仿宋体汉字书写。

长仿宋体汉字书写要求横平竖直注意起落

结构匀称满格书写笔画清楚字体规范工整

北京理商大学工程制图班级技术要求序号

其余铸钢螺母栓钉垫圈沉钻孔深零部件张

第一章	制图的基础知识	班级		学号		姓名		1

② 正体、斜体数字和字母书写。

0123456789 Φ68 *0123456789 Φ90*

ABCDEFGHIJKLMNOPQRSTUVWXYZ

ABCDEFGHIJKLMNOPQRSTUVWXYZ

abcdefghijklmnopqrstuvwxyz $\alpha\beta\gamma$

abcdefghijklmnopqrstuvwxyz $\alpha\beta\gamma$

0123456789 $\Phi 20^{+0.010}_{-0.023}$ *0123456789* $\Phi 20^{+0.010}_{-0.023}$

abcdefghijklmnopqrstuvwxyz $\alpha=45^{\circ}$ $\beta=\gamma$

abcdefghijklmnopqrstuvwxyz $\alpha=30^{\circ}$ $\beta=\gamma$

1-2 将所给的图形抄画在右侧。

1-3 尺寸标注练习：分析图形特点，标注下列各图的尺寸（数值在图中按 1:1 量取，并取整数）。

② 标注角度。

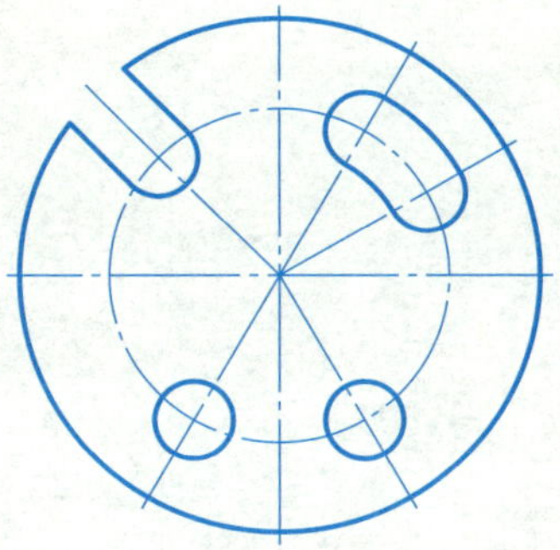

① 标注各方向的尺寸数字。

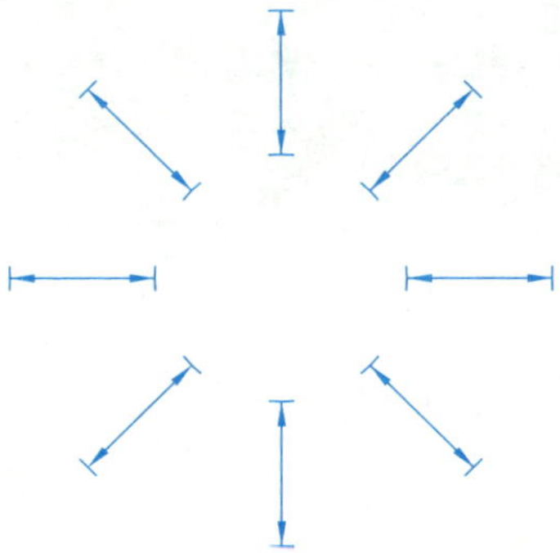

③ 标注狭小部位的尺寸。

④ 标注圆的直径。

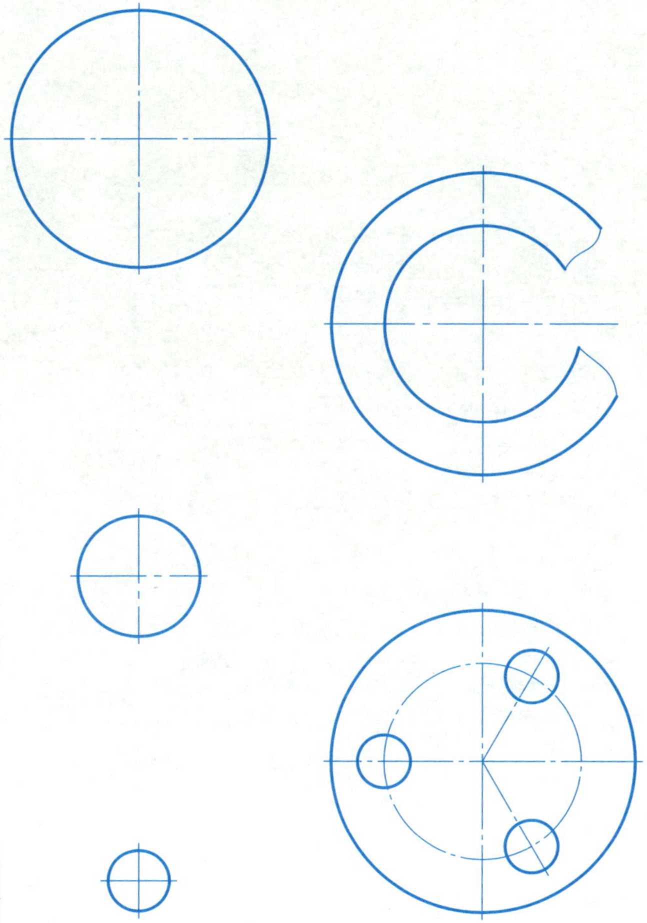

1-4 平面图形作图。

① 作对角线长为50 mm的正六边形。

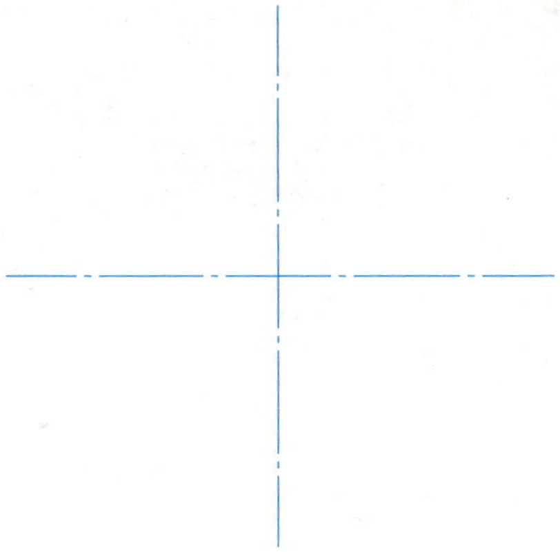

② 作圆的内接正七边形。

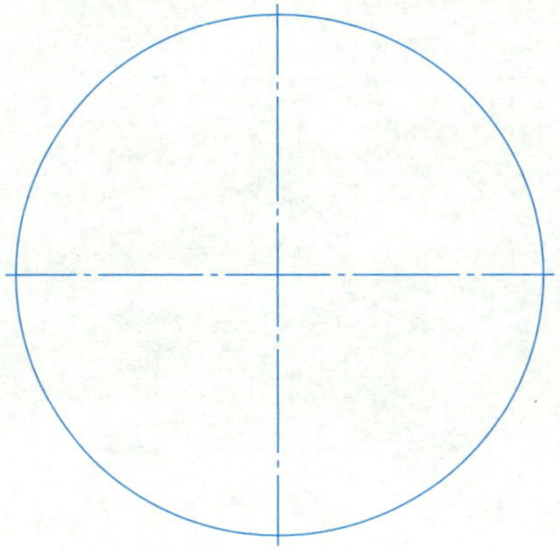

③ 按图抄画（在右侧指定位置）。

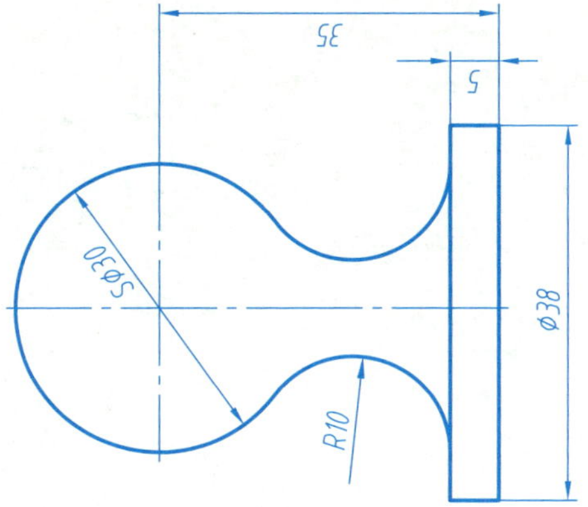

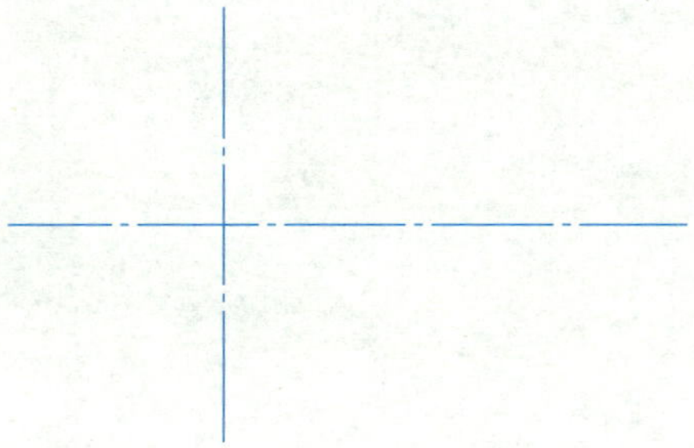

1-5 指出图中不合理或错误的尺寸标注（画“X”），在下图中正确、合理、完整地标注尺寸（未给出的数值在图中按 1∶1 量取，并取整数）。

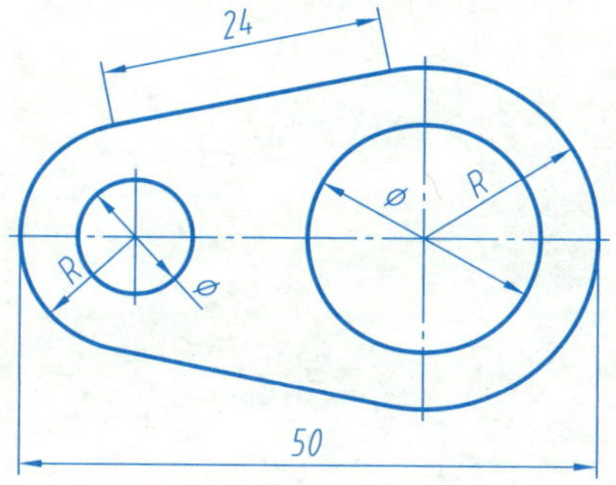

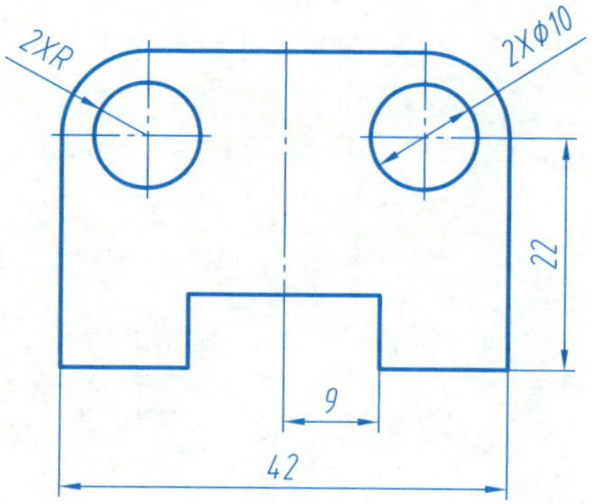

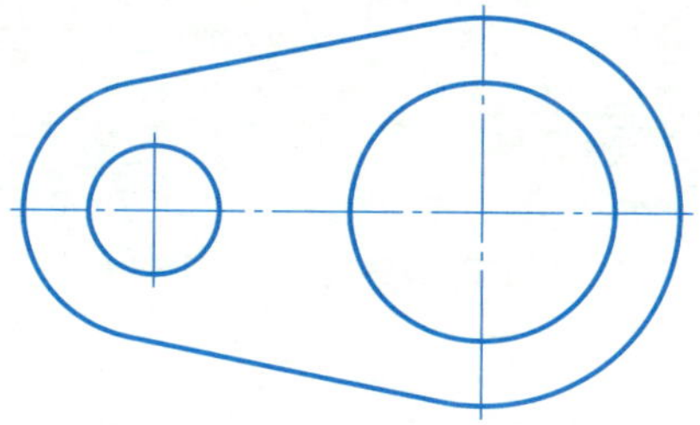

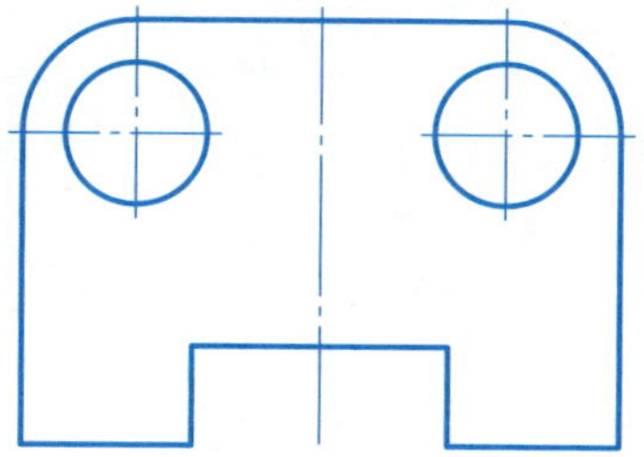

1-6 标注平面图形尺寸（数值在图中按 1:1 量取，并取整数）。

①

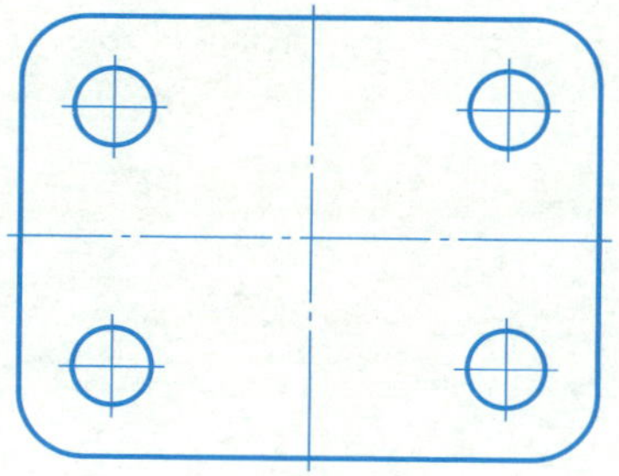

②

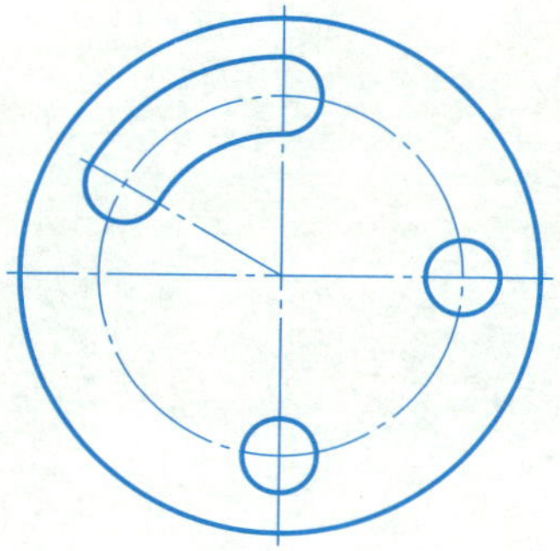

③

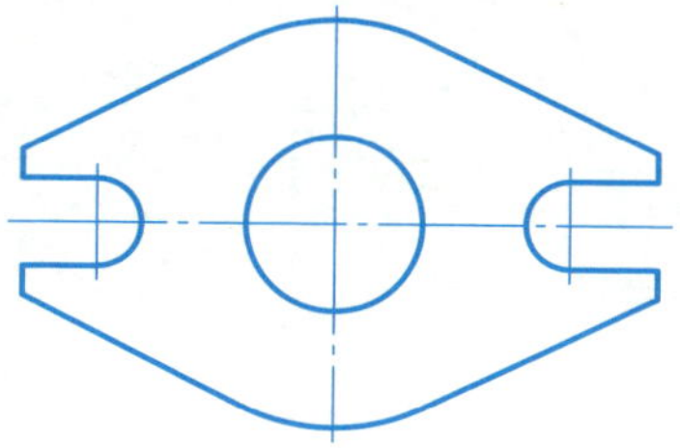

④

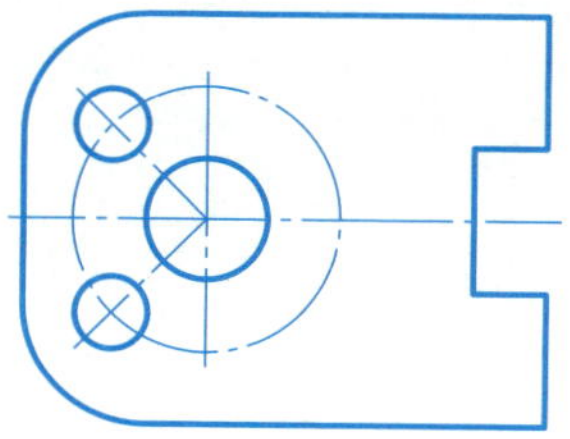

1-7 将所给图形徒手画在右侧。

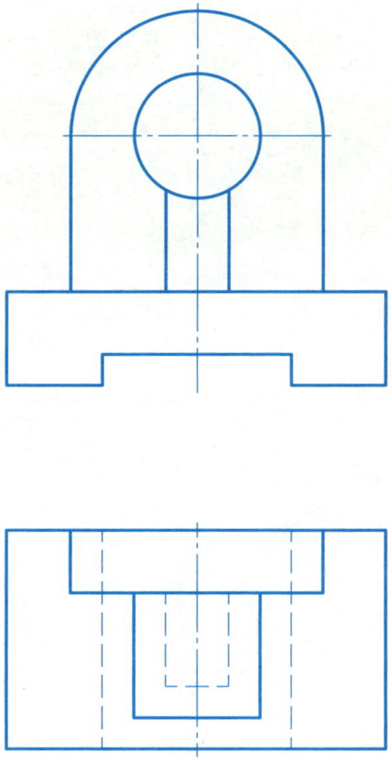

1-8 将下列两图形按2∶1的比例分别抄画在A3图纸上（图名：几何作图）。

①

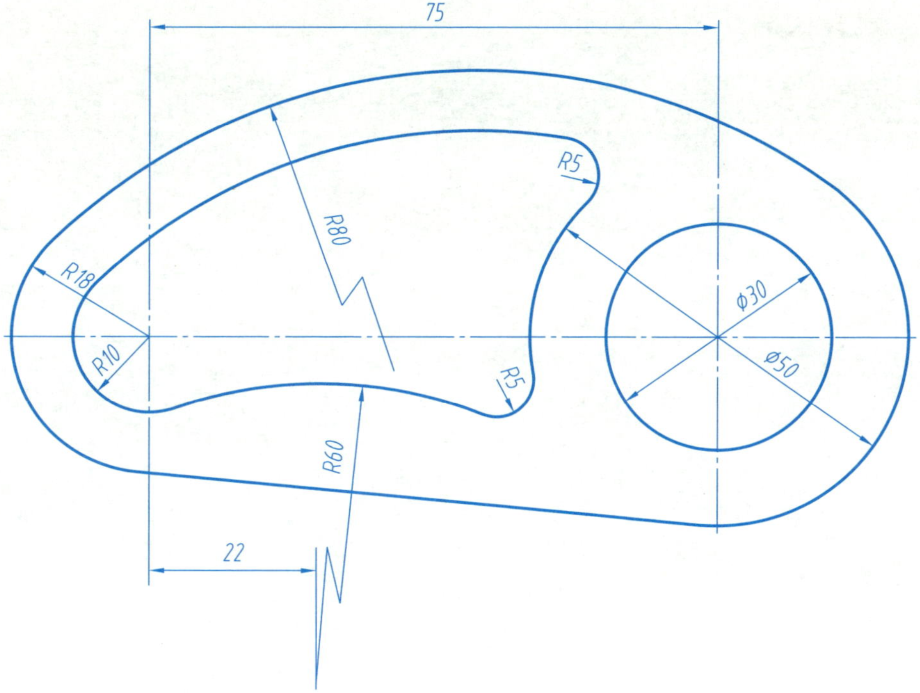

②

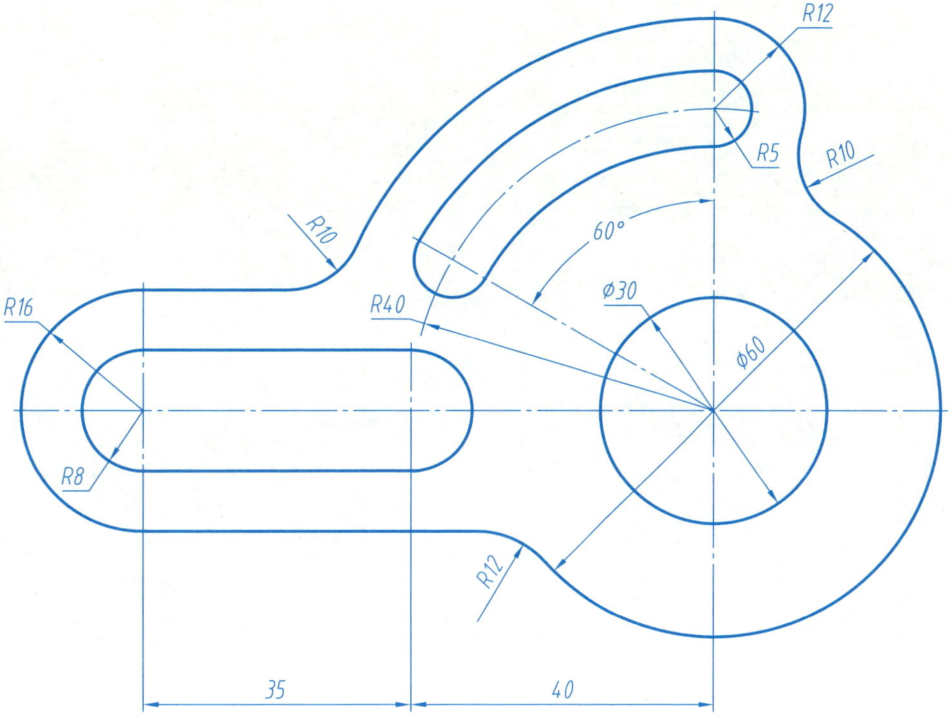

2-1 根据立体图中各点的位置，画出它们的投影图，并量出各点到投影面的距离（单位：mm）填入下表。

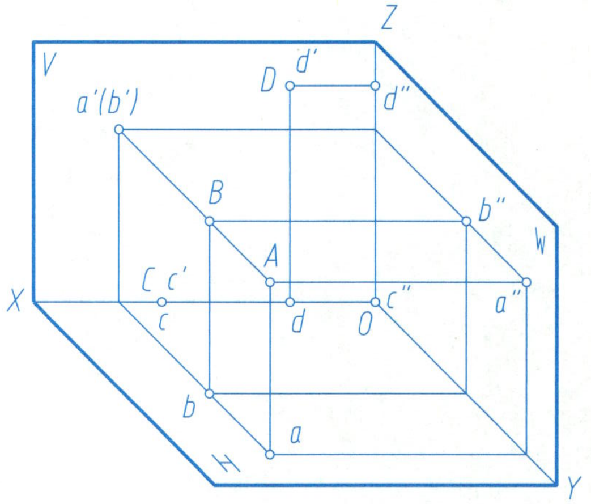

点 \ 距离	距H面	距V面	距W面
A			
B			
C			
D			

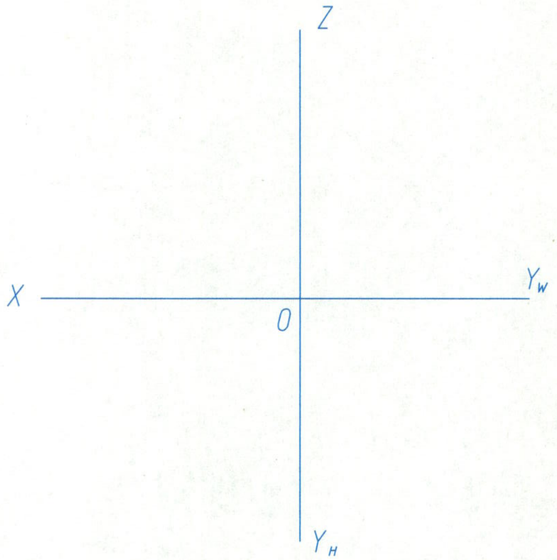

2-2 已知点A距V面20 mm，距H面30 mm；点B在V面内，距H面20 mm；点C距V面35 mm，距H面25 mm；点D在H面内，距V面30 mm。画出它们的投影图。

2-3 已知点A、B、C的两面投影，画出其第三面投影和立体图，并从投影图中量出各点的坐标值，填入下面的括号内。

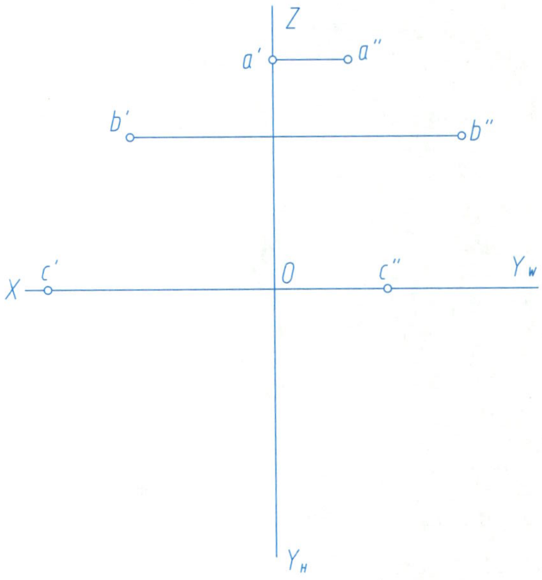

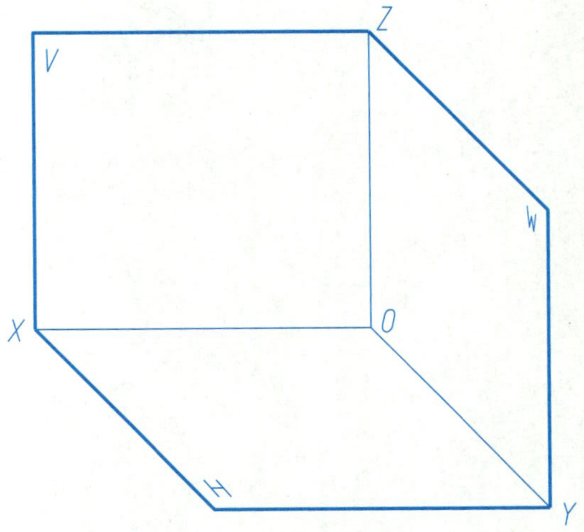

A(　　　　　), B(　　　　　), C(　　　　　)

2-4 作A(20, 30, 15)、B(10, 20, 0)、C(30, 0, 30)三点的投影图和立体图。

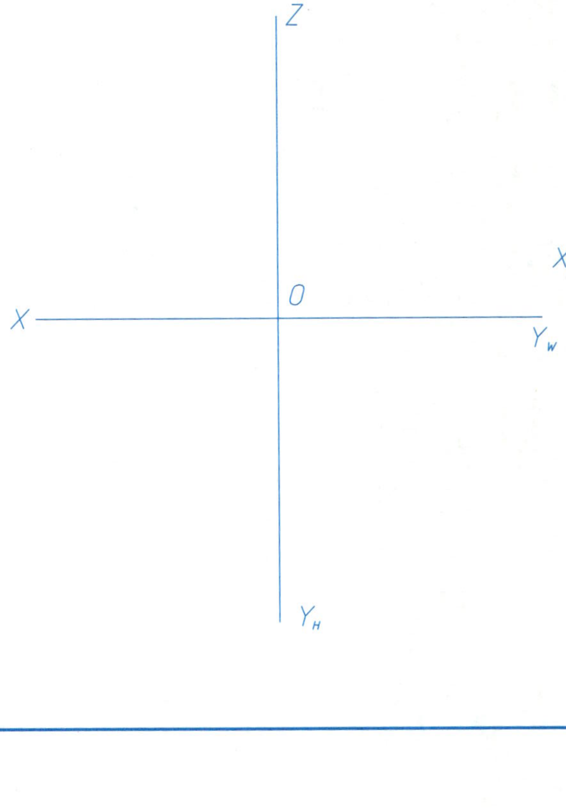

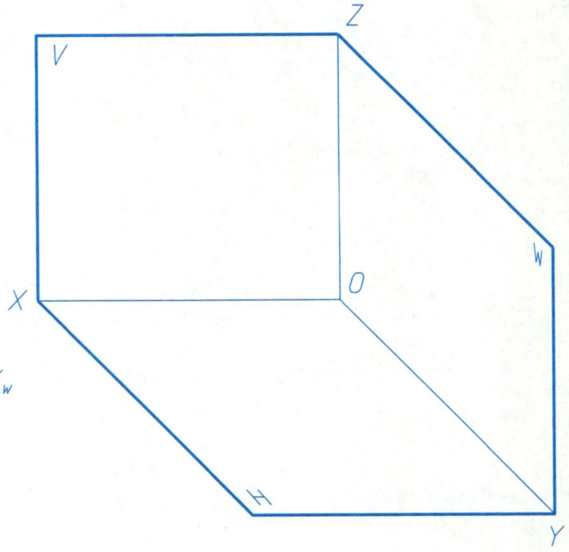

2-5 已知点A、B、C、D的两面投影，试求其第三面投影。

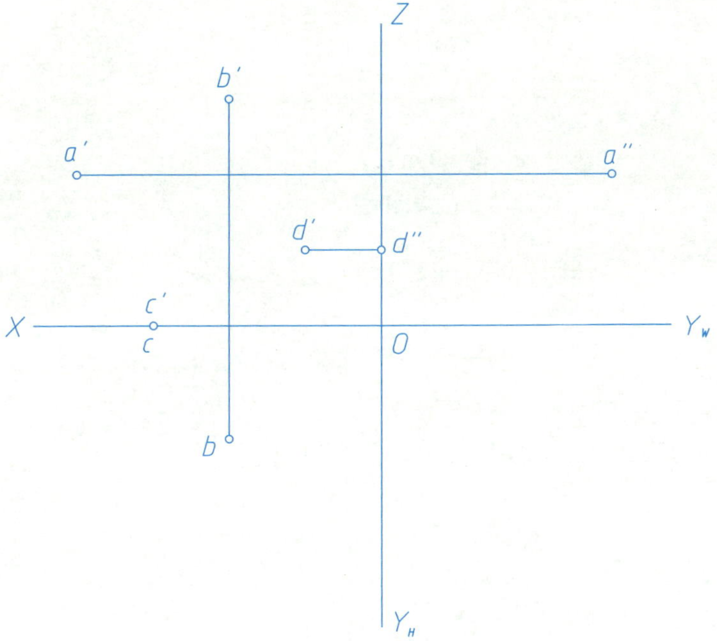

2-6 试比较点C和点D的相对位置。

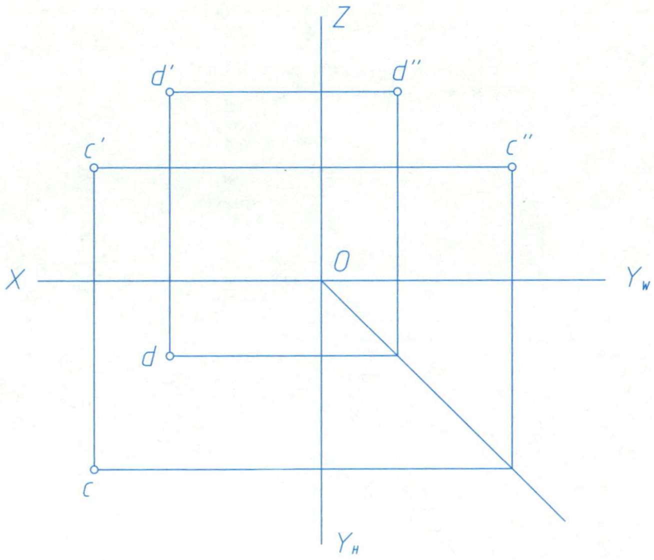

问：点D比点C距H面远还是近？ 答：________

点D比点C距V面远还是近？ ________

点D比点C距W面远还是近？ ________

2-7 求出各点的第三面投影，并比较点A与点B、点C与点D、点E与点F的相对位置。

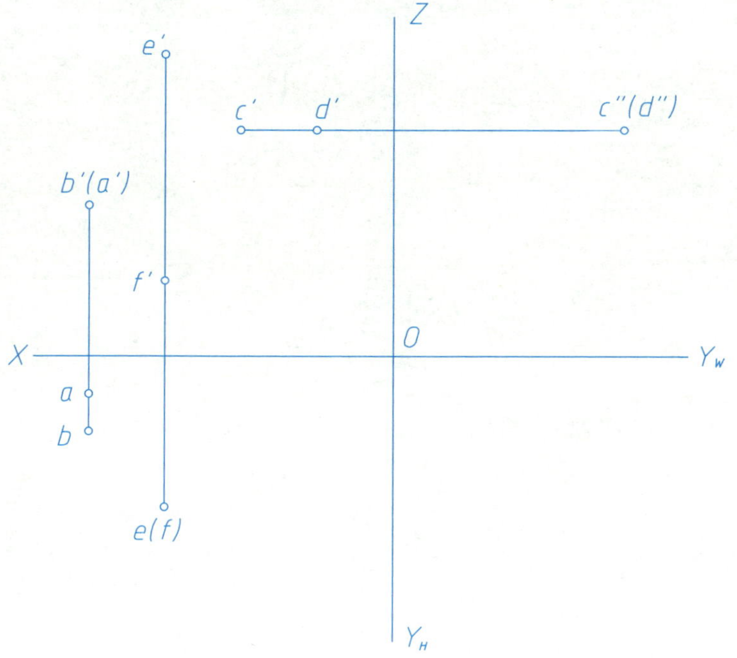

点A在点B正 ________ 方 ________ mm。

点C在点D正 ________ 方 ________ mm。

点E在点F正 ________ 方 ________ mm。

2-8 已知点B在点A左方25 mm、下方10 mm、前方18 mm，求点B的三面投影，并完成点A的第三面投影。

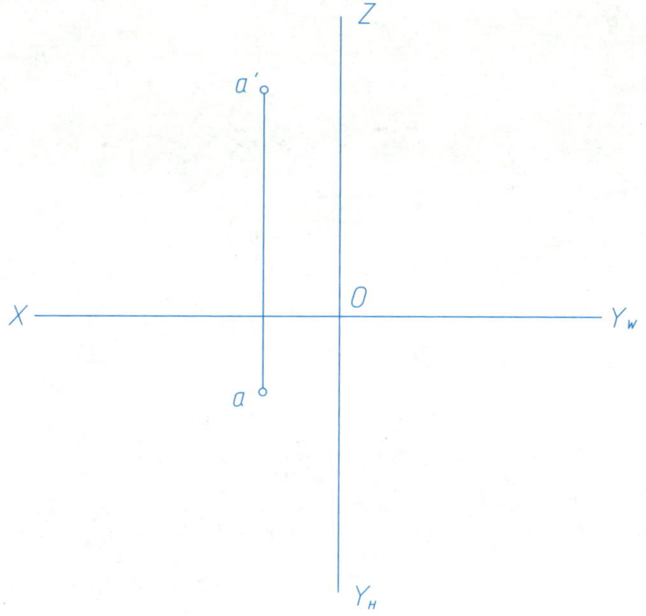

2-9 画出直线的第三面投影，判断各直线对投影面的相对位置，并标出各特殊位置直线对投影面倾角的真实大小。

①

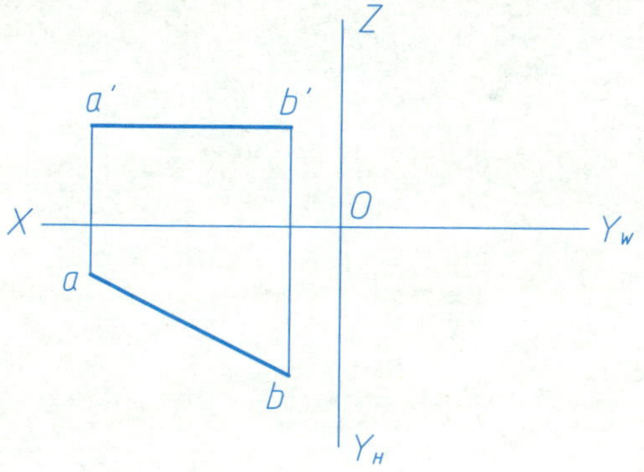

AB是 ________ 线

②

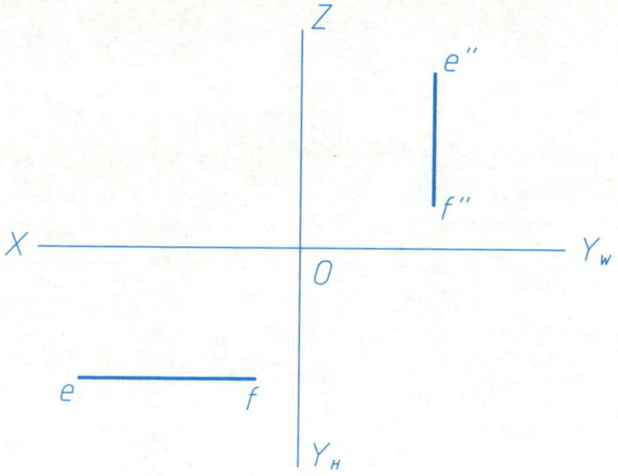

EF是 ________ 线

③

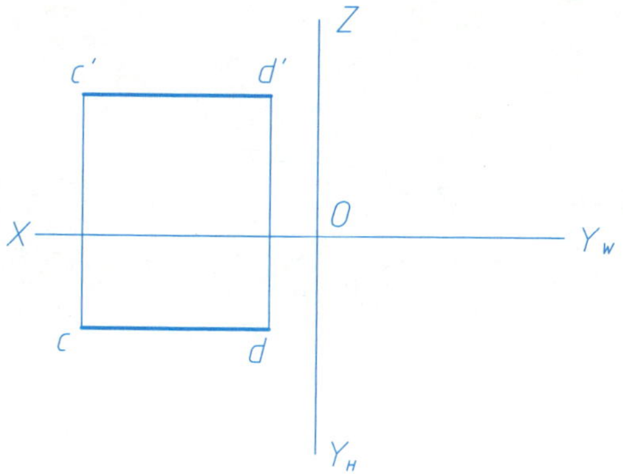

CD是 ________ 线

④

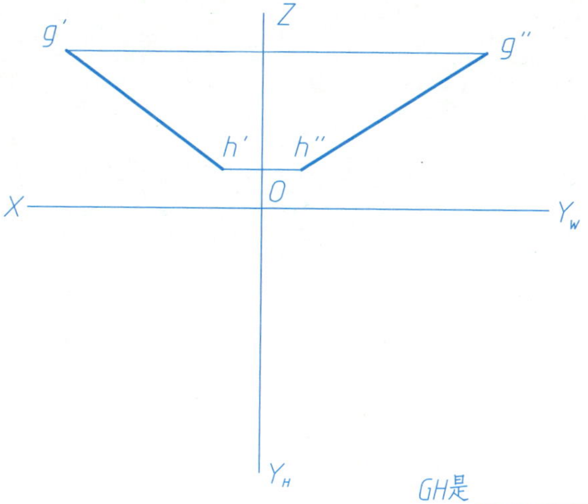

GH是 ________ 线

2-10 按已知条件画出直线的三面投影。

① 画侧平线AB，距W面20 mm，与H面的夹角为30°，实长25 mm，点B在点A前下方。

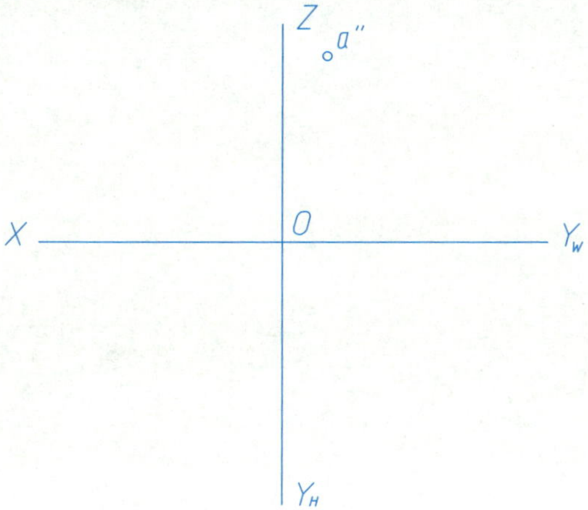

② 画铅垂线CD，距V面15 mm，实长22 mm，点D在点C下方。

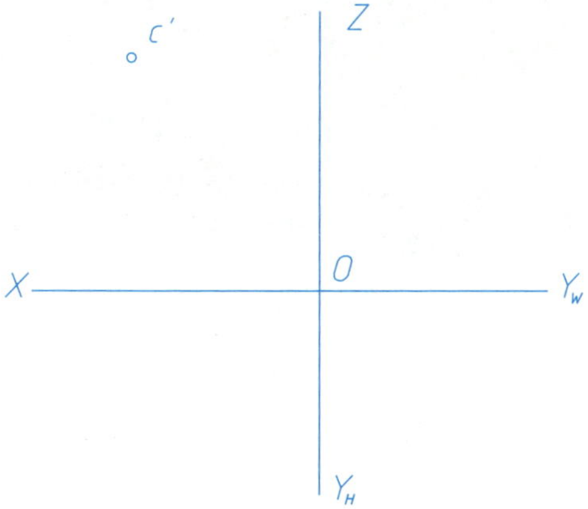

2-11 在直线AB上取一点C，使AC:CB=2:3，求点C的两面投影。

①

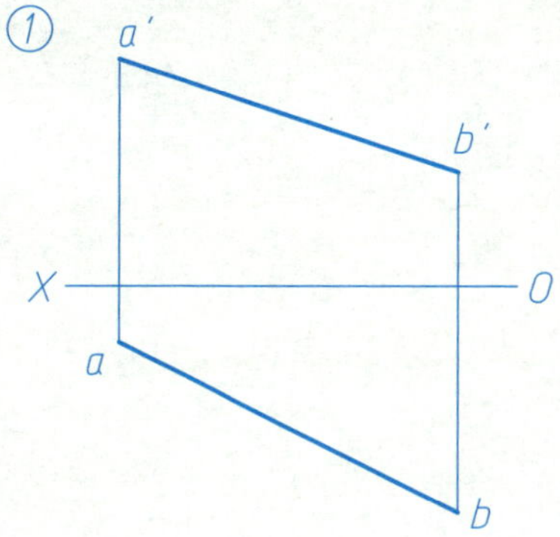

②

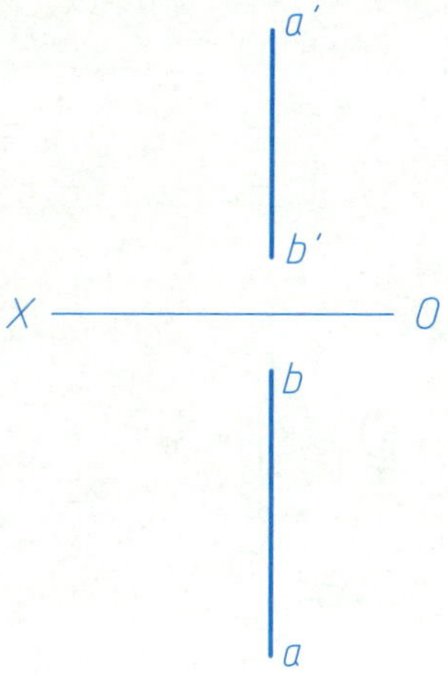

③

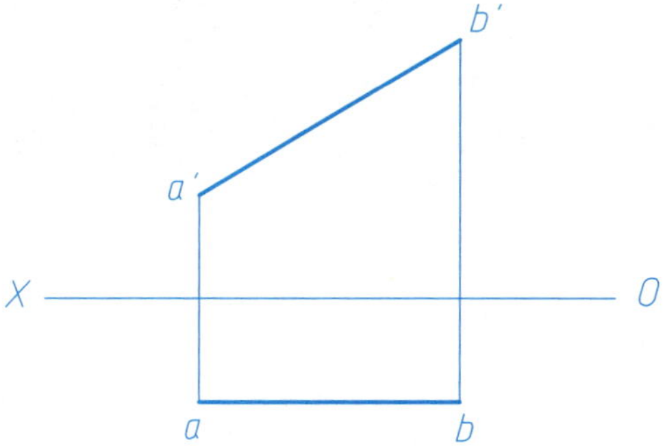

2-12 判断并填写两直线AB与CD的相对位置（平行、相交、相错）。

①

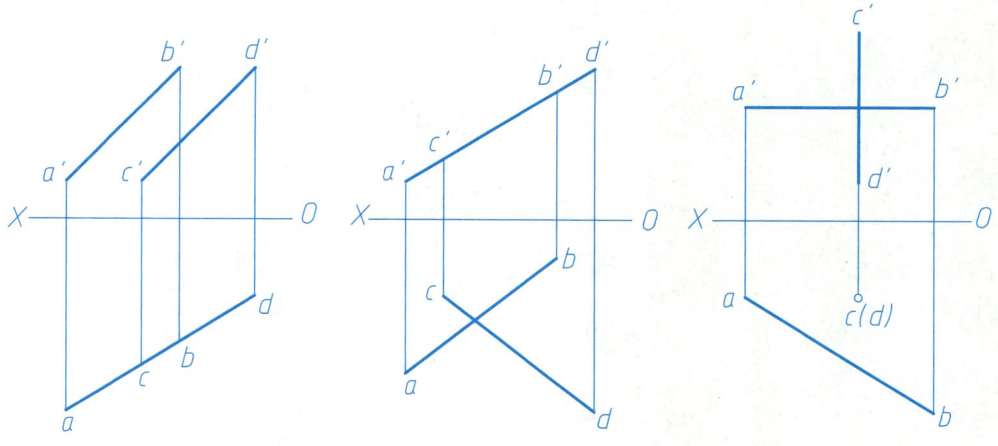

②

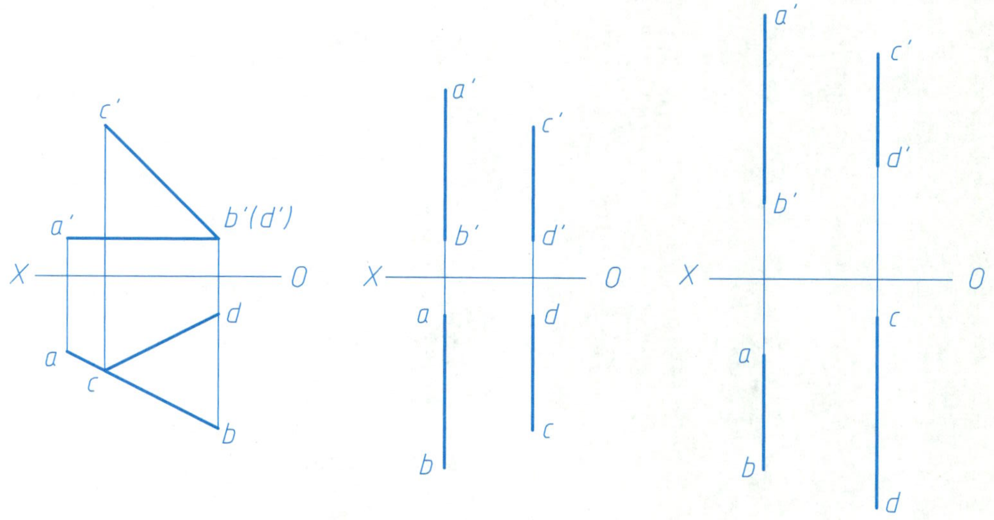

2-13 由点C作直线CD，使其与直线AB相交，且交点D距V面20 mm。

①

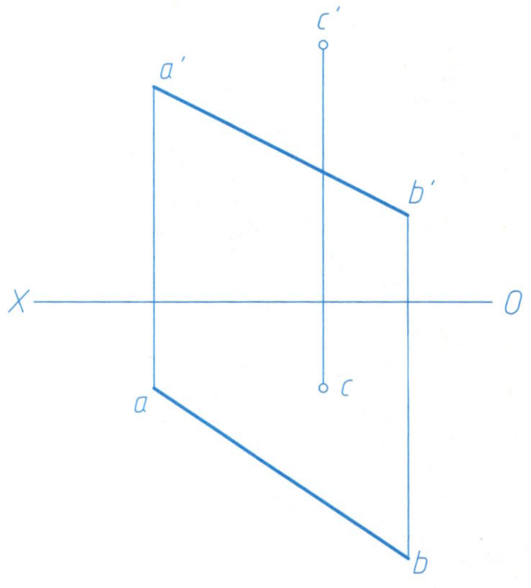

②

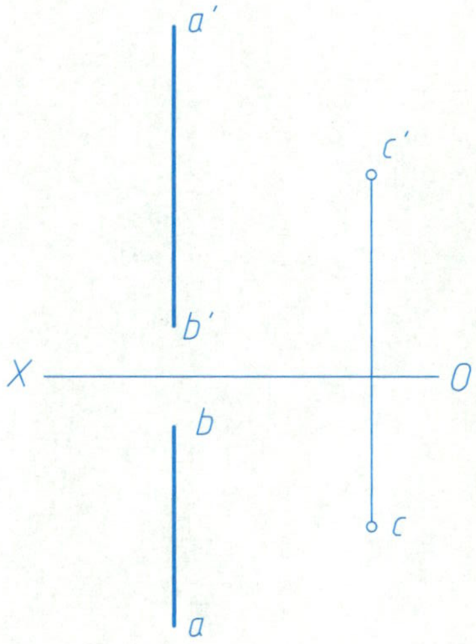

2-14 过点A作一直线，使其与BC、DE两直线相交。

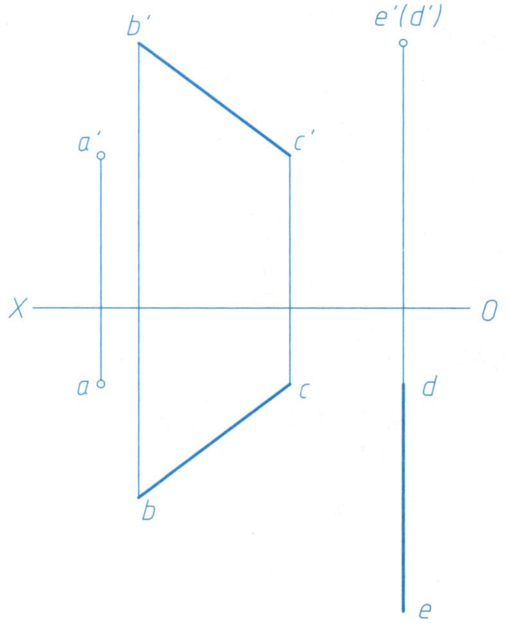

2-15 试作一直线，使其与直线AB平行，且与CD、EF两直线相交。标出图中重影点的投影。

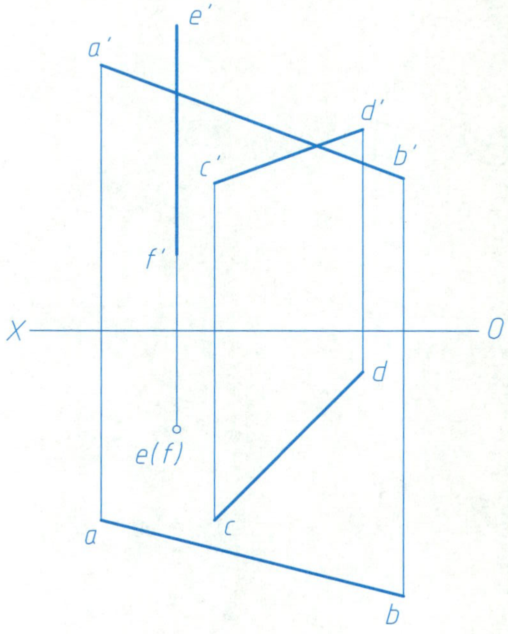

2-16 画出平面的第三面投影，判断各平面对投影面的相对位置，并标出各特殊位置平面对投影面倾角的真实大小。

①

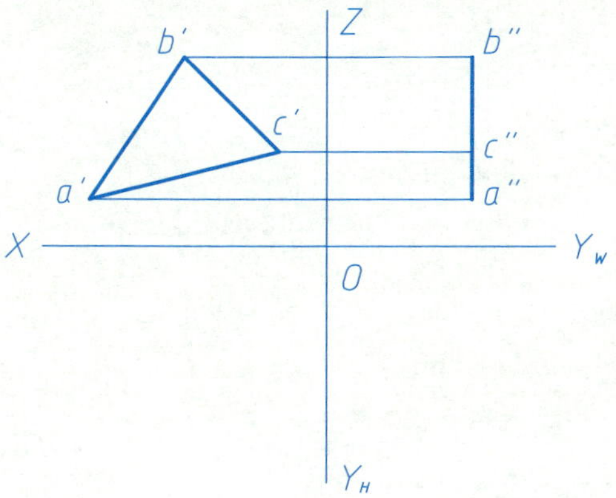

三角形ABC是 ____ 面

②

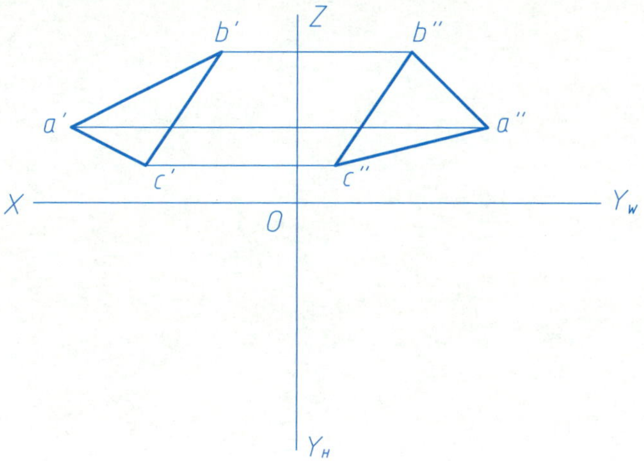

三角形ABC是 ____ 面

③

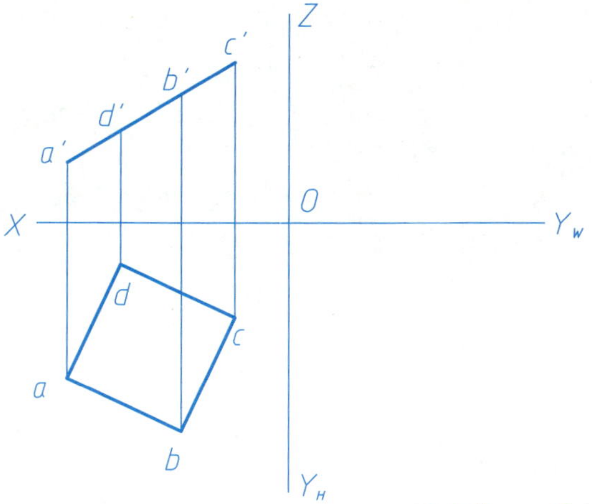

四边形ABCD是 ____ 面

④

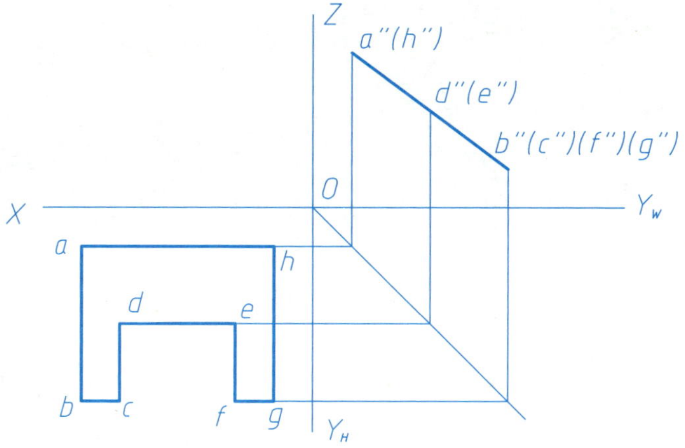

平面图形ABCDEFGH是 ____ 面

2-17 已知点K在三角形ABC平面内，试完成平面三角形ABC及点K的三面投影。

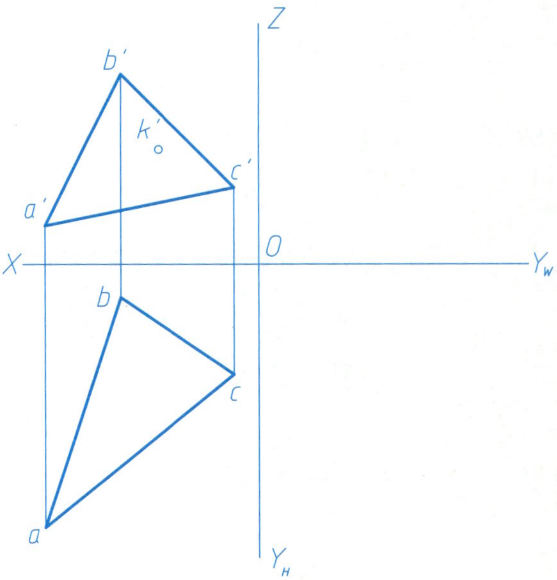

2-18 已知点K在直线AB与点C所确定的平面内，试求其正面投影，并判断点M是否在平面ABC内。

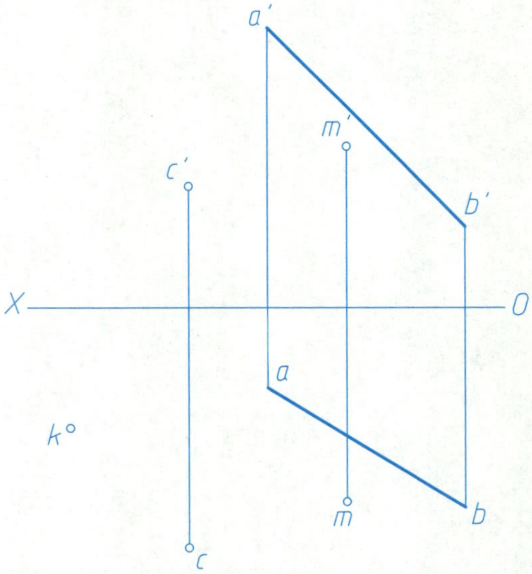

答：________

2-19 已知直线EF在AB、CD两平行线确定的平面内，试求其水平投影。

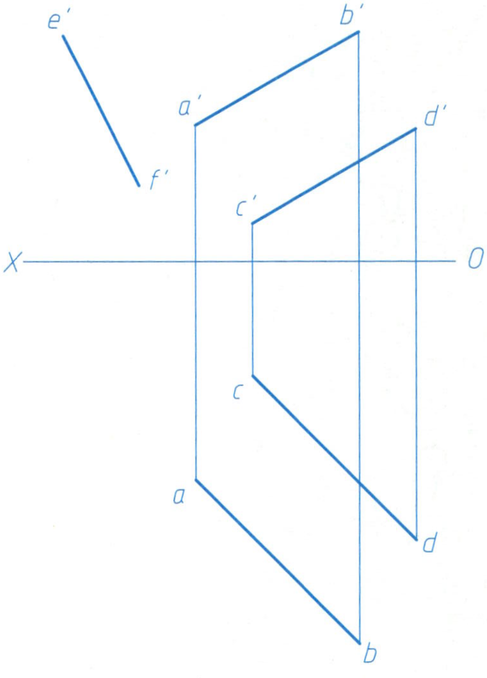

2-20 已知三角形EFG在平面ABCD内，试求其水平投影。

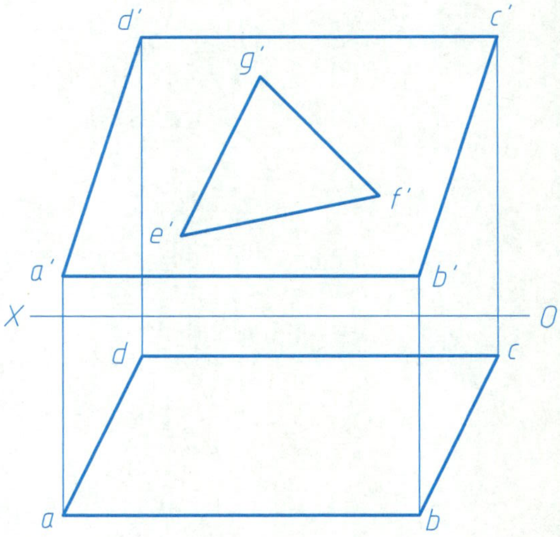

2-21 完成五边形ABCDE的正面投影（已知AB为侧平线）。

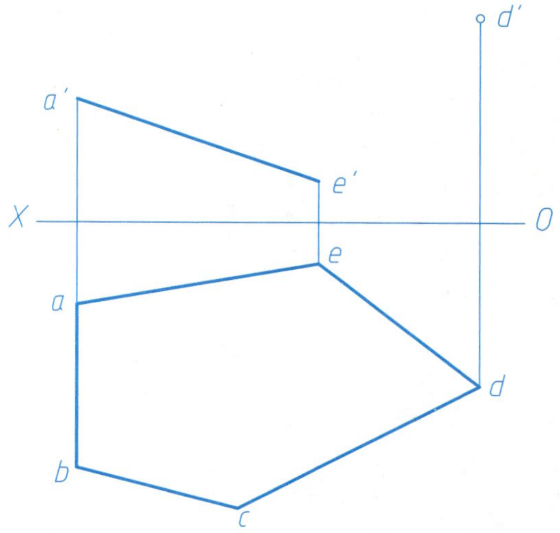

2-22 在平面ABC内取一点K，使其距H面18 mm，距V面24 mm。

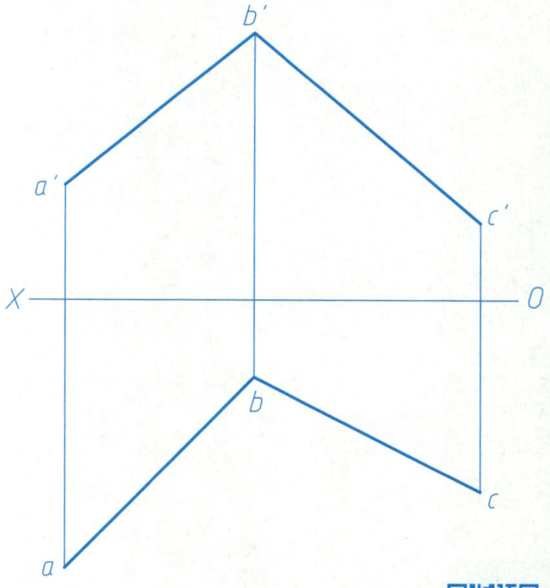

2-23 用迹线表示下列平面。

① 过直线AB作铅垂面P。

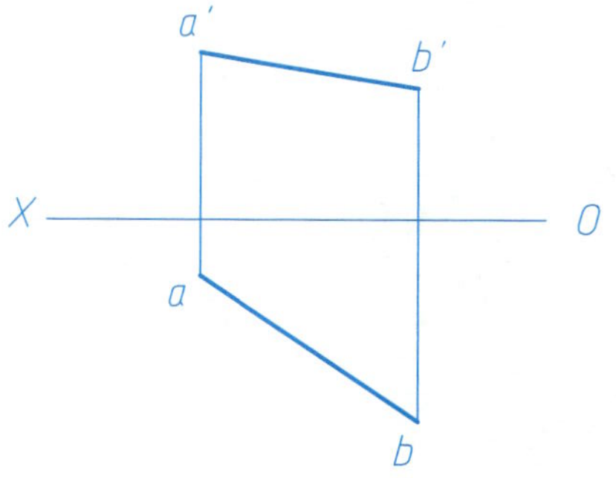

② 过点C作水平面Q。

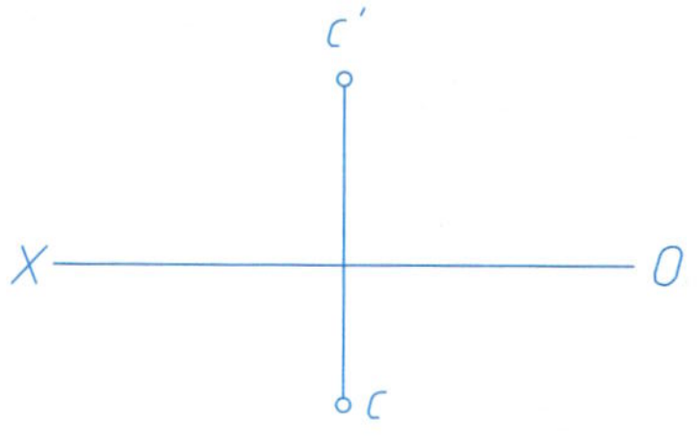

2-24 已知一正方形ABCD在平面P内，试完成其水平投影。

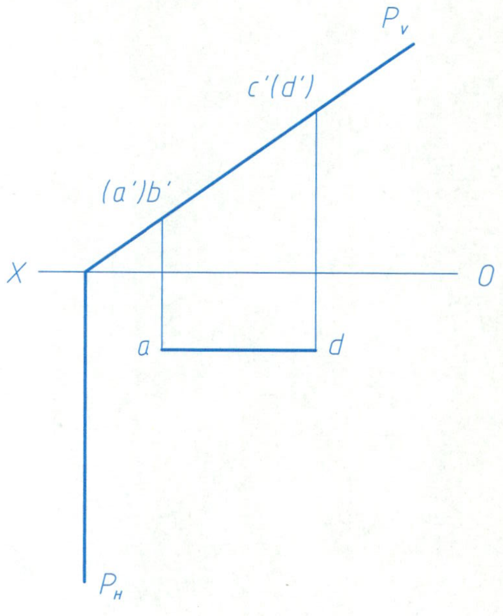

2-25 已知直线DE平行于平面ABC，求作DE的正面投影d'e'。

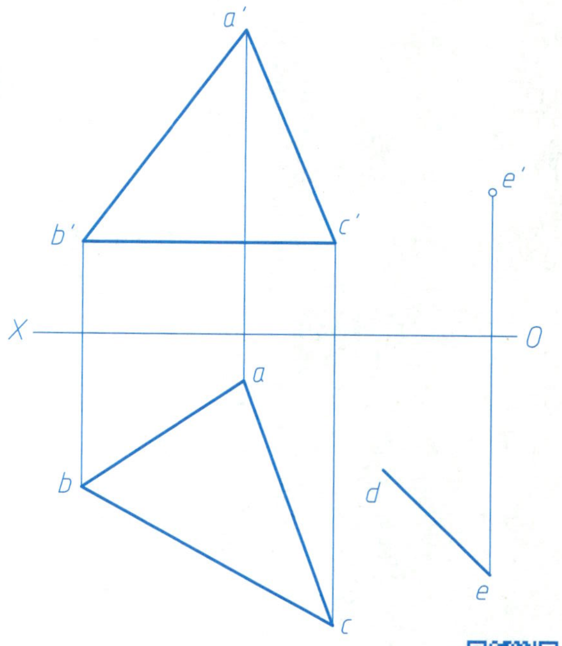

2-26 过点E作一平面，使其与两平行线AB、CD所确定的平面平行。

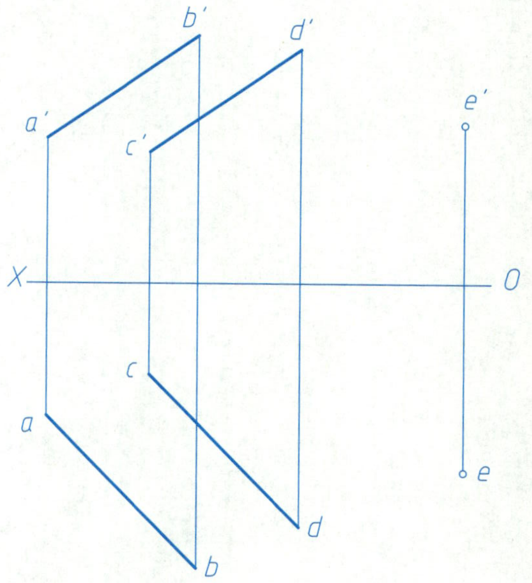

2-27 已知由两平行直线AB、CD确定的一平面，直线MN和平面EFG均与其平行，试画出它们的另一投影。

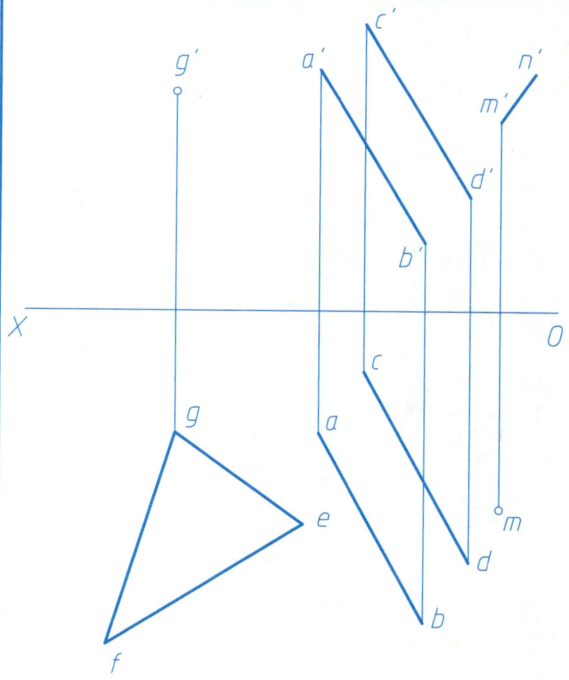

2-28 试判断直线AB是否平行于平面P（已知 $ab // P_H$）。

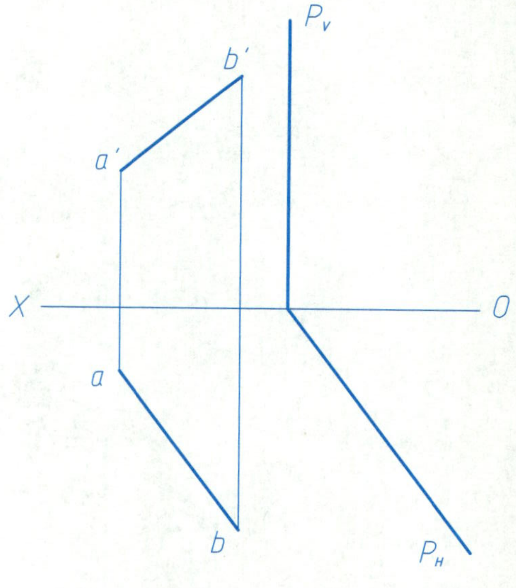

答：直线AB ________ 平面P。

2-29 求直线与平面的交点，并分辨可见性。

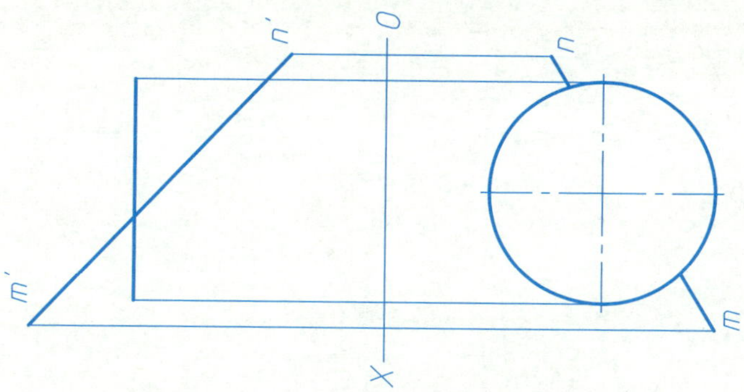

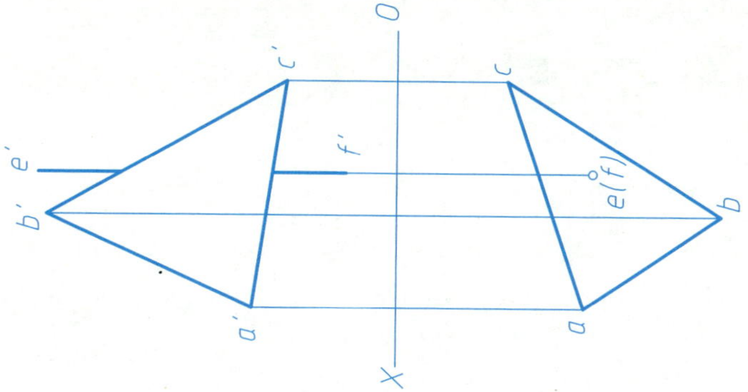

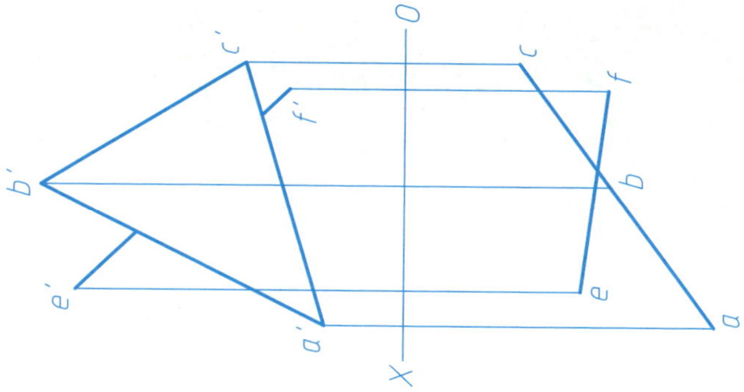

2-30 求直线EF与平面ABC的交点，并分辨可见性。

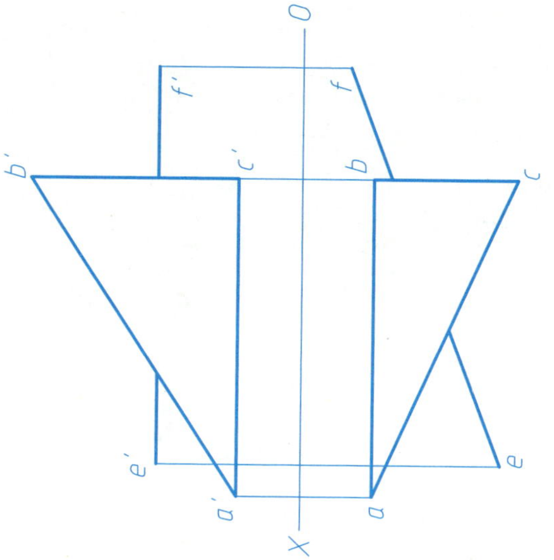

2-31 求直线AB与平面CDE的交点F。

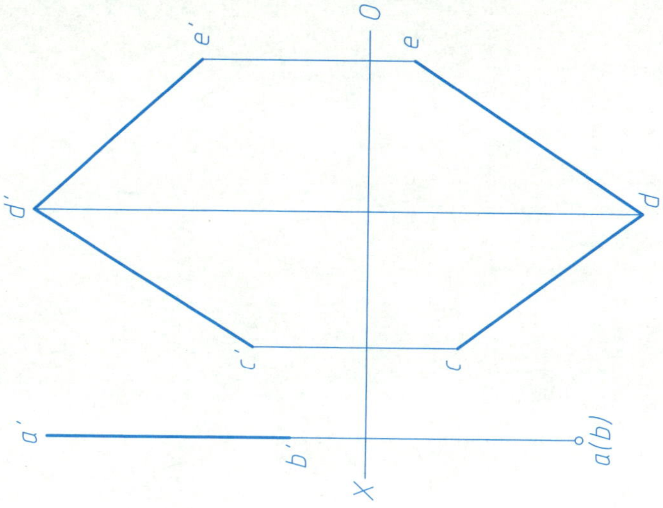

2-32 求一般位置平面与铅垂面的交线，并分辨可见性。

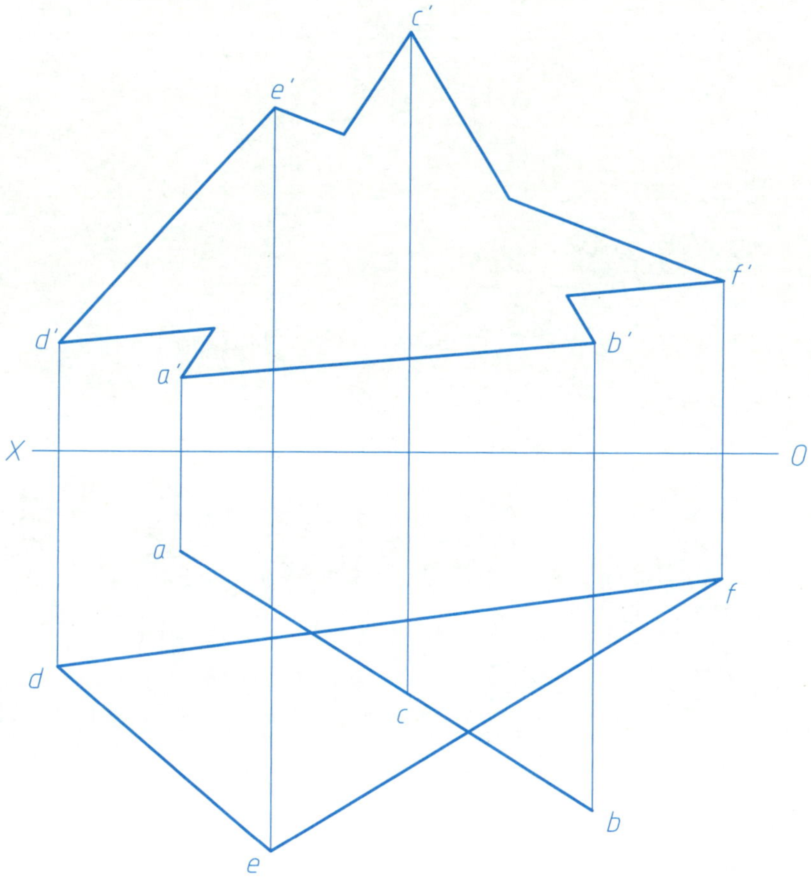

2-33 求一般位置平面EFG的水平投影及其与正垂面ABCD的交线，并分辨可见性。

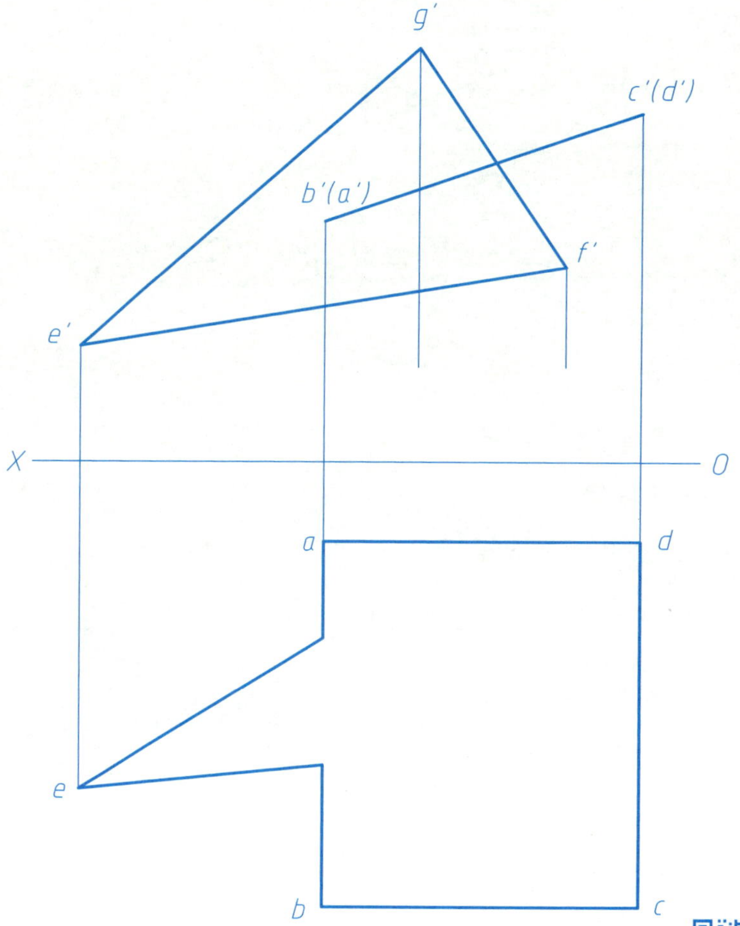

3-1 求下列立体的第三面投影及其表面上各已知点和直线的三面投影。

①

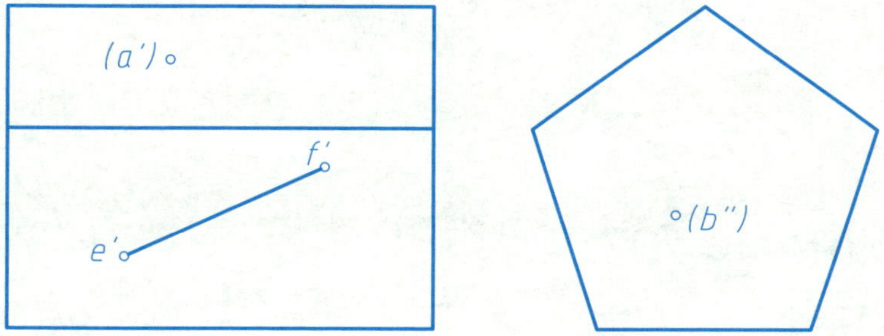

②

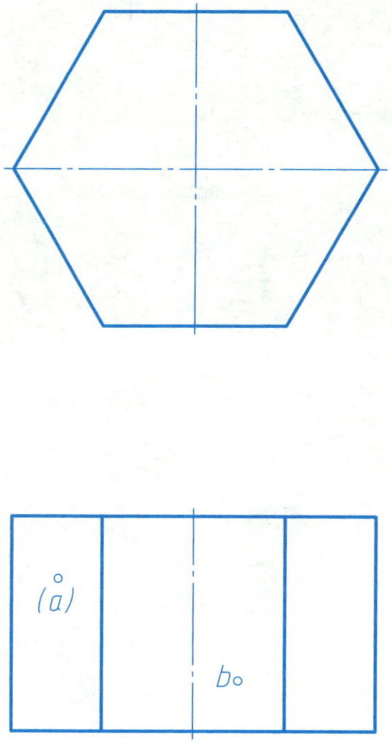

3-2 完成下列立体的H面投影，并求它们的第三面投影及其表面上各已知点的三面投影。

①

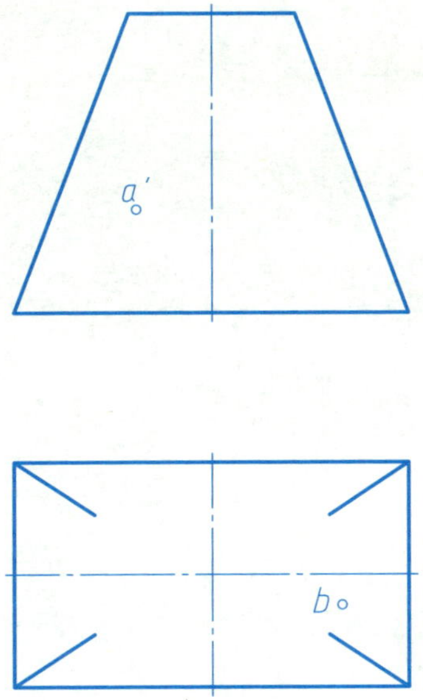

②

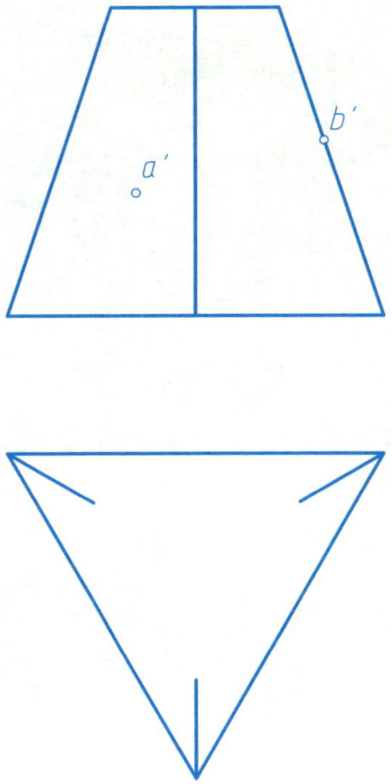

3-3 在视图中标出直线AB和CD的第三面投影，并填写它们对投影面的相对位置。

①

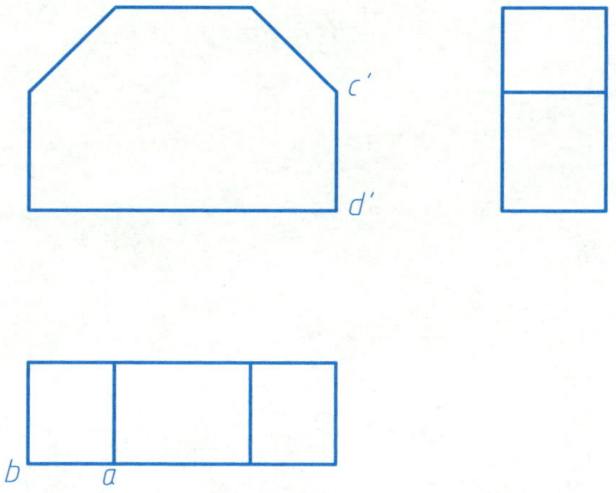

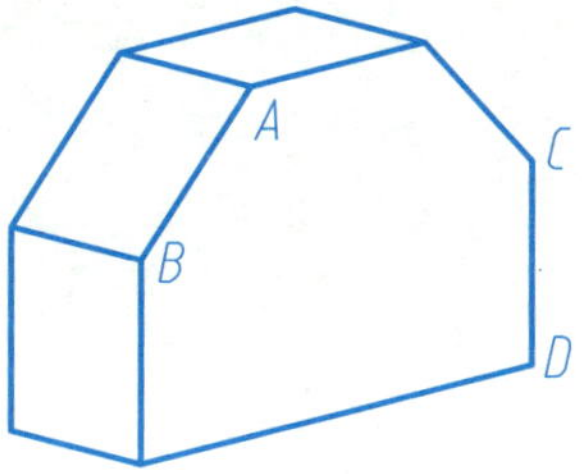

AB是 ______________

CD是 ______________

②

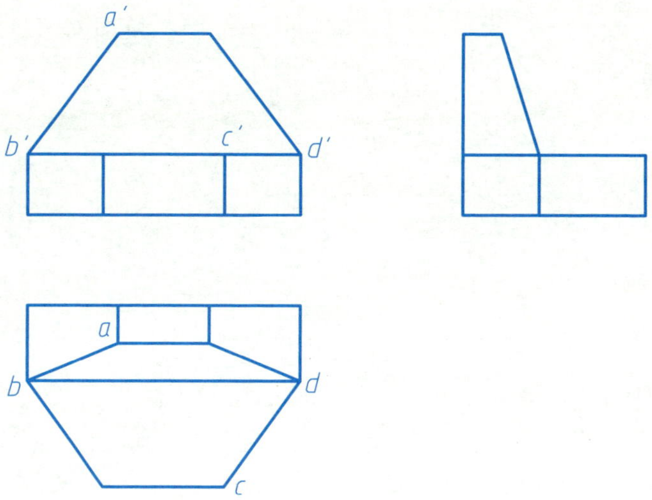

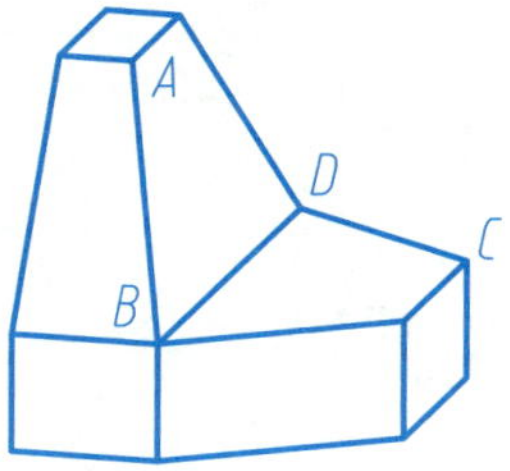

AB是 ______________

CD是 ______________

3-4 在视图中标出平面P和Q的第三面投影，并判断它们对投影面的相对位置。

①

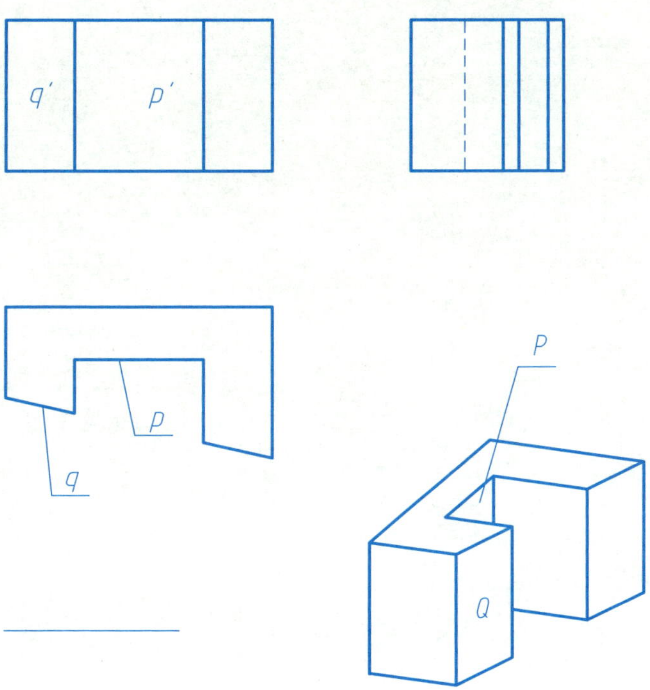

P是 ________

Q是 ________

②

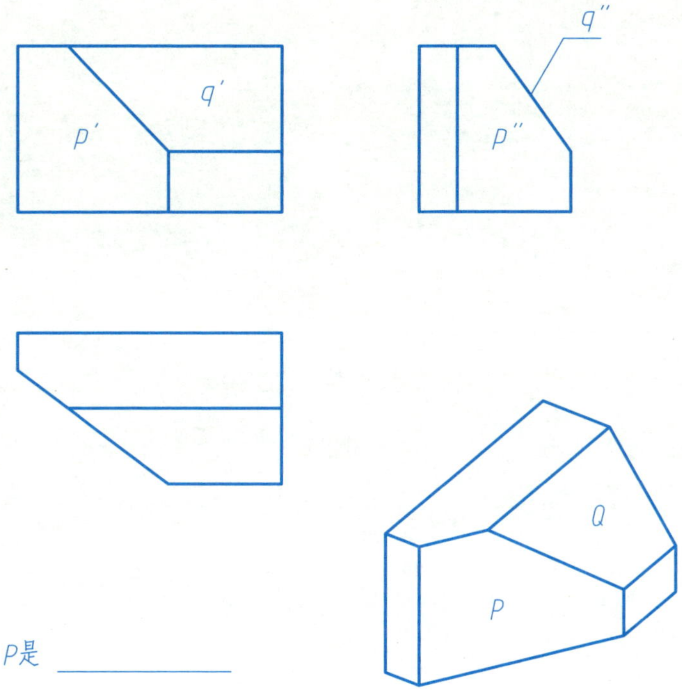

P是 ________

Q是 ________

3-5 求下列立体的第三面投影及其表面上各已知点和线的三面投影。

①

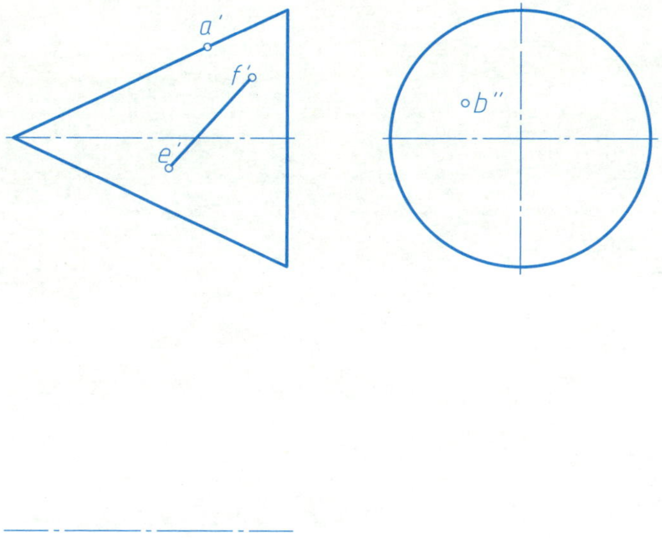

②

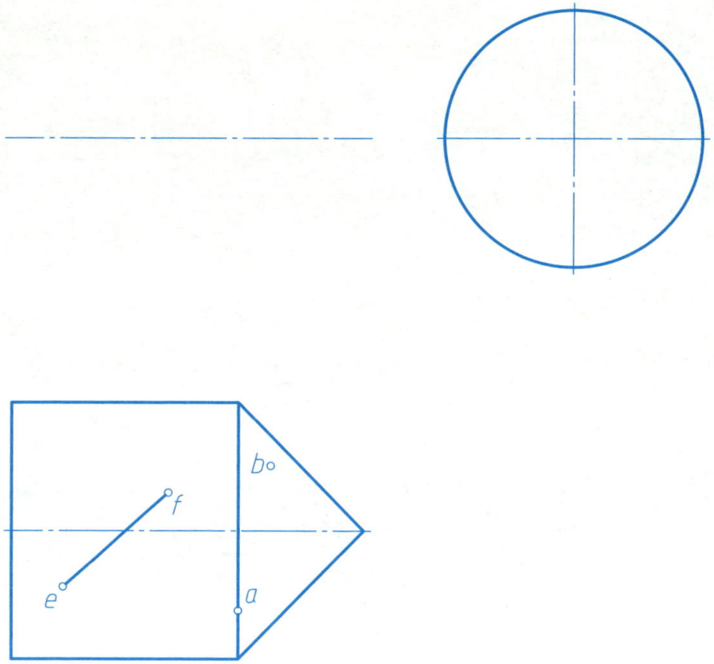

3-6 求下列立体的第三面投影及其表面上各已知点和线的三面投影。

①

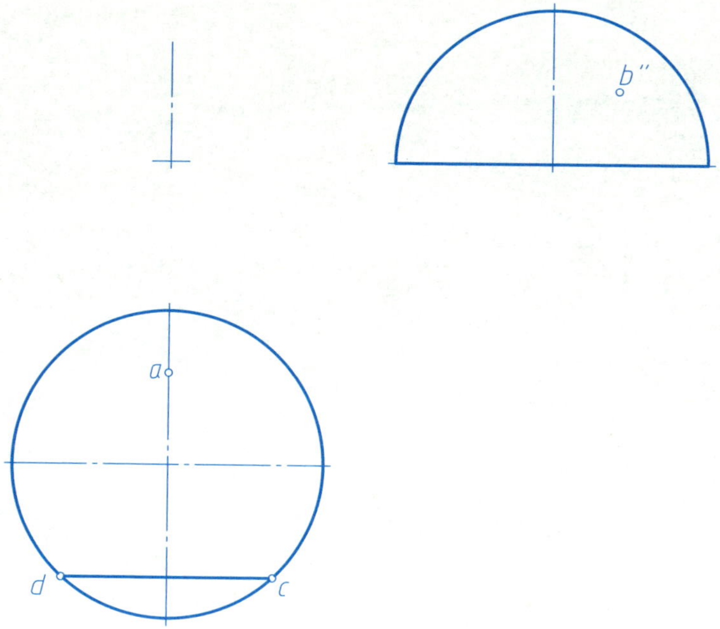

②

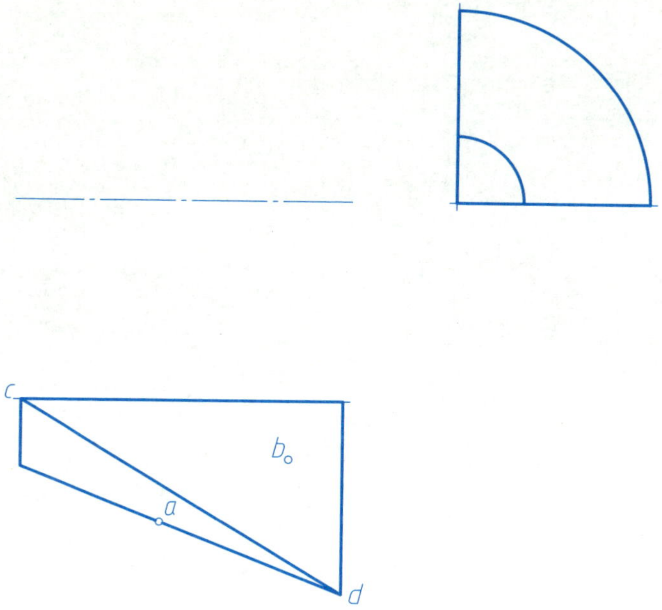

3-7 完成下列立体的第三面投影。

①

②

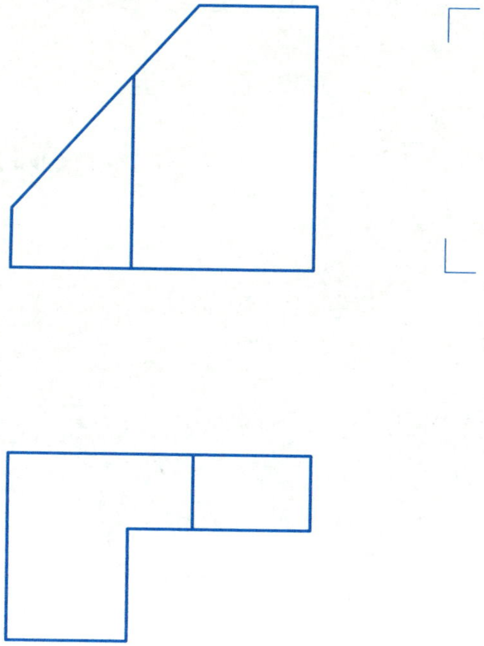

3-8 完成立体截切后的三面投影图（不可见轮廓线的投影画成细虚线）。

①

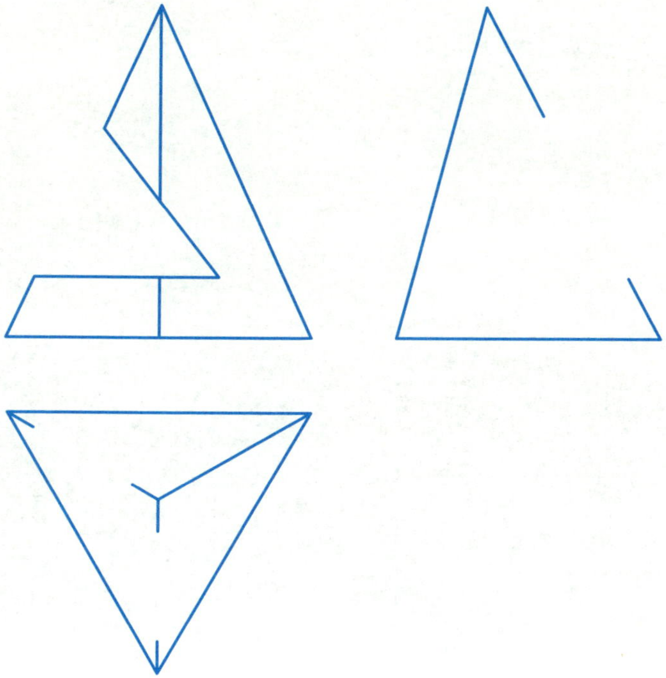

②

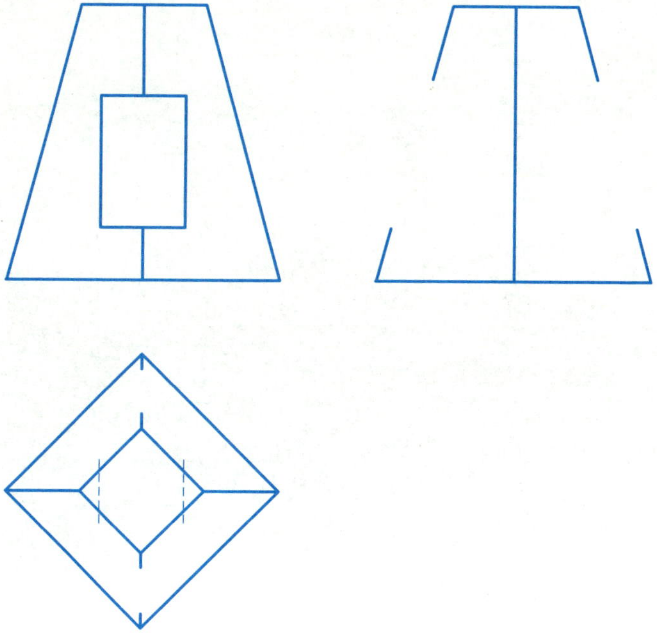

3-9 完成下列立体的第三面投影。

①

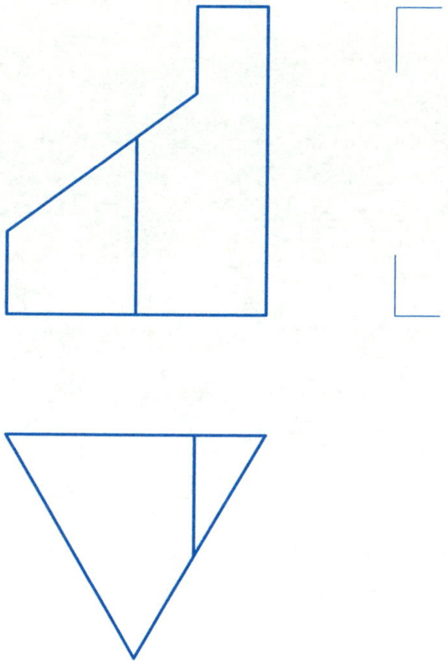

②

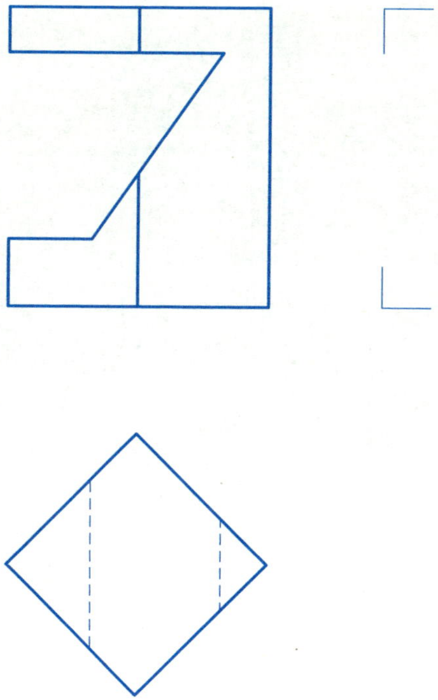

3-10 画出下列立体的第三面投影。

①

②

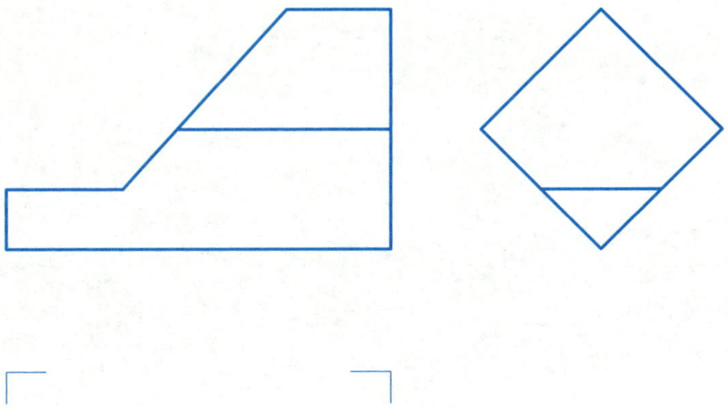

3-11 完成下列曲面立体截切后的两面投影，并补画第三面投影。

①

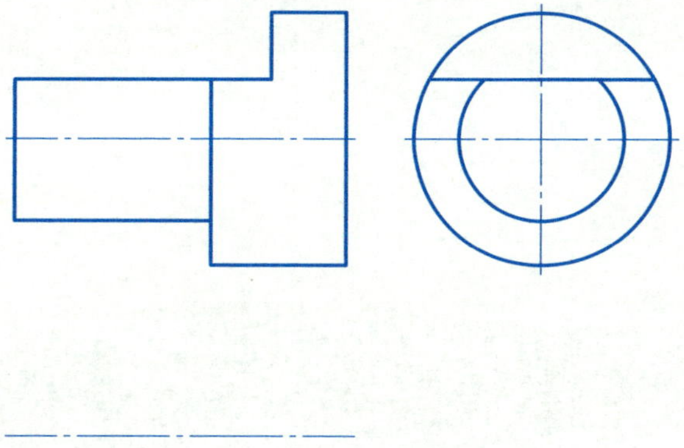

②

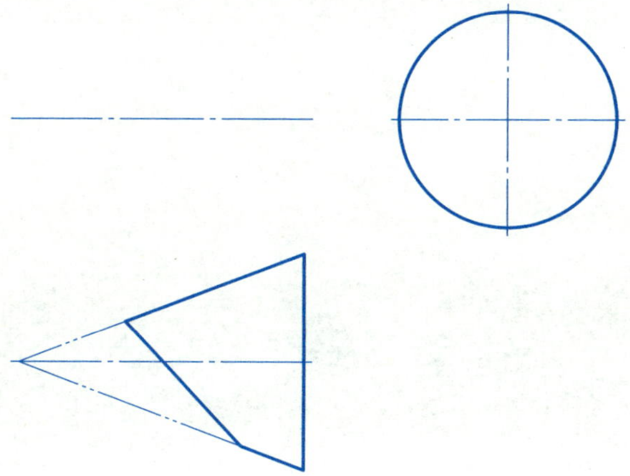

3-12 完成下列曲面立体截切后的两面投影，并补画第三面投影。

①

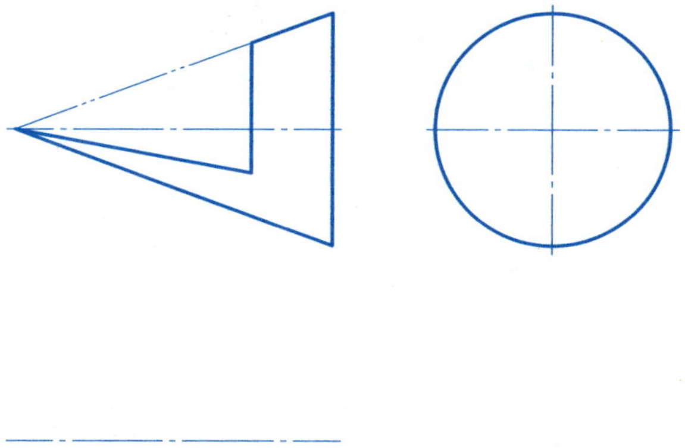

②

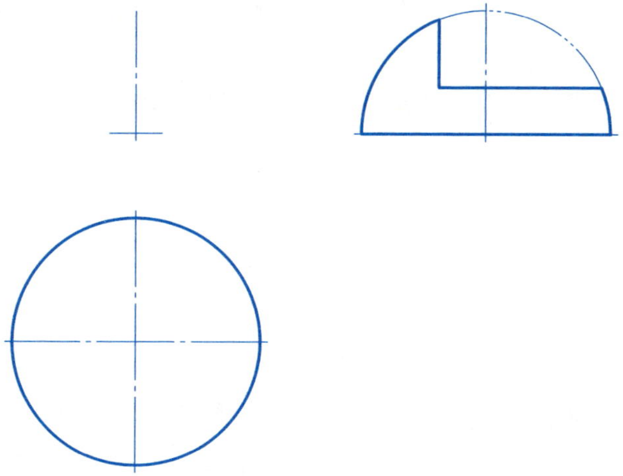

3-13　画出下列曲面立体的第三面投影。

①

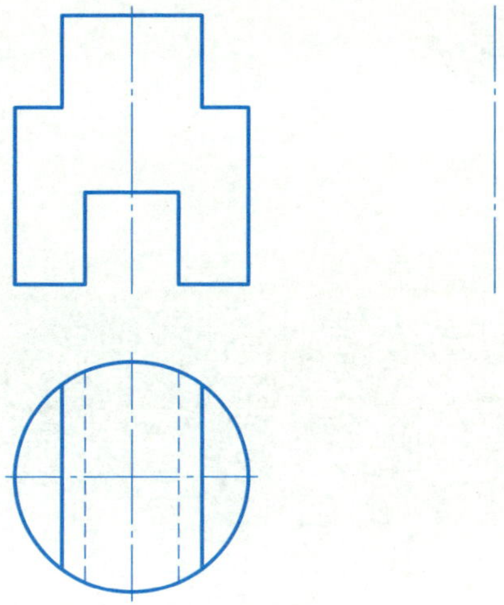

②

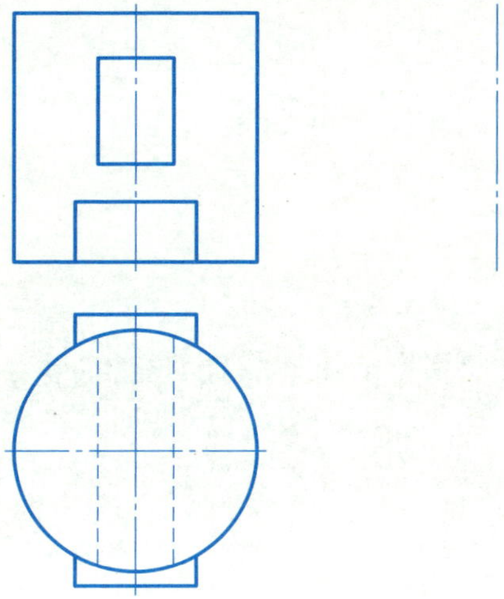

③

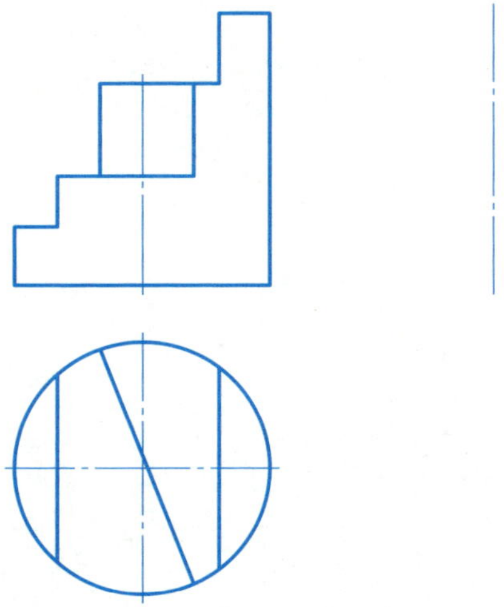

④

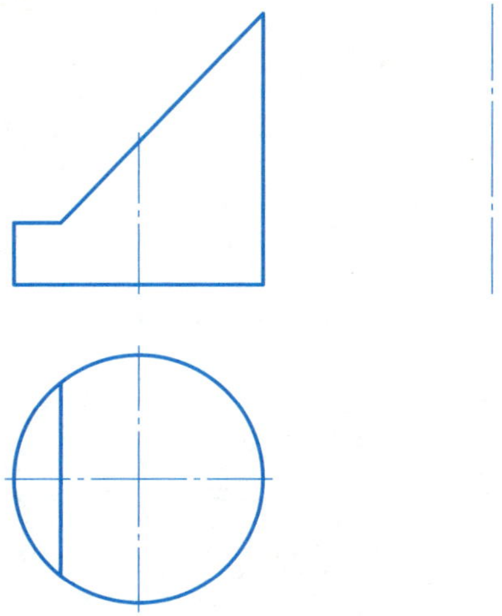

3-14 画出下列曲面立体的第三面投影。

①

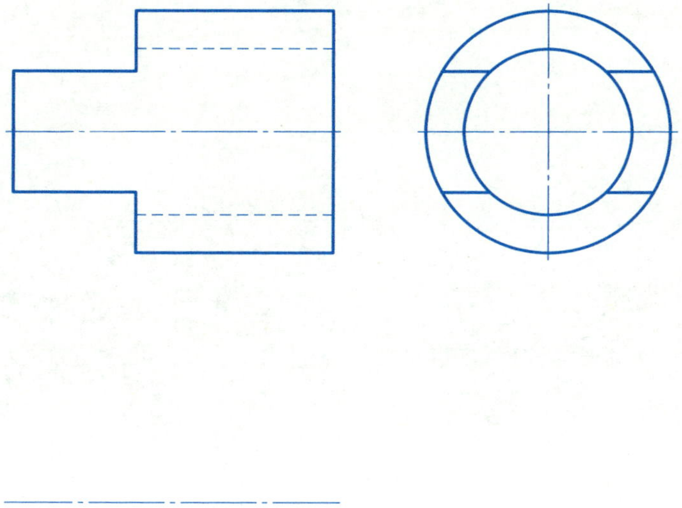

②

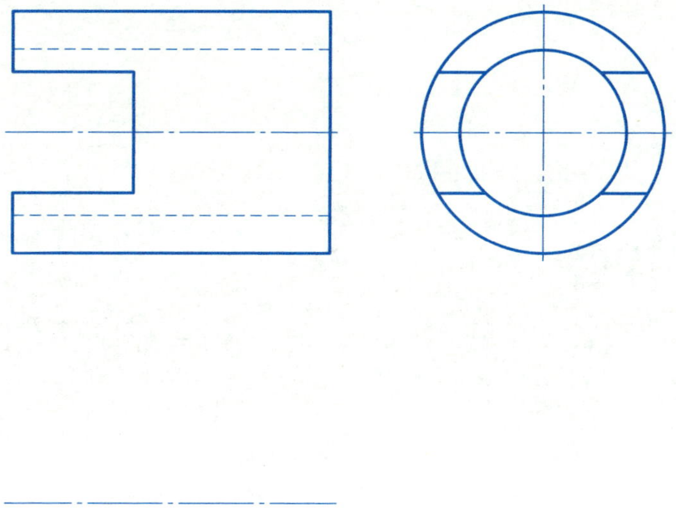

3-15 画出下列立体的第三面投影。

①

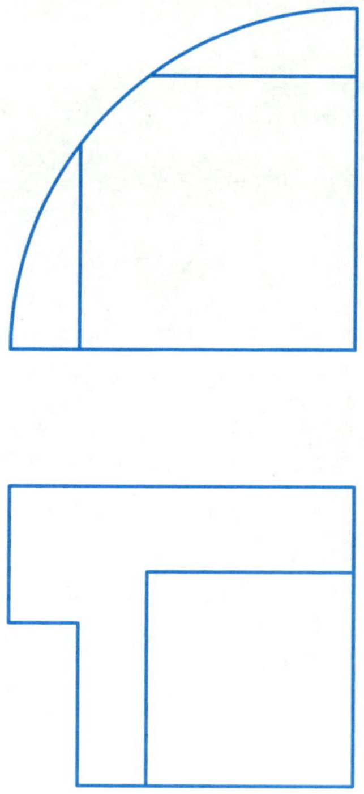

②

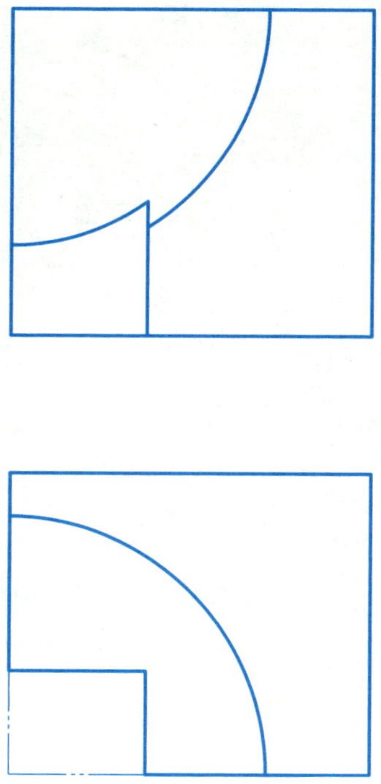

3-16 画出下列立体的第三面投影。

①

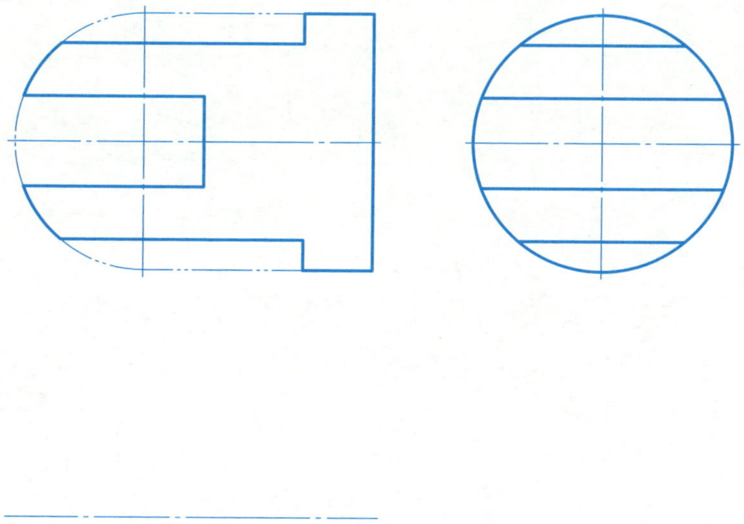

②

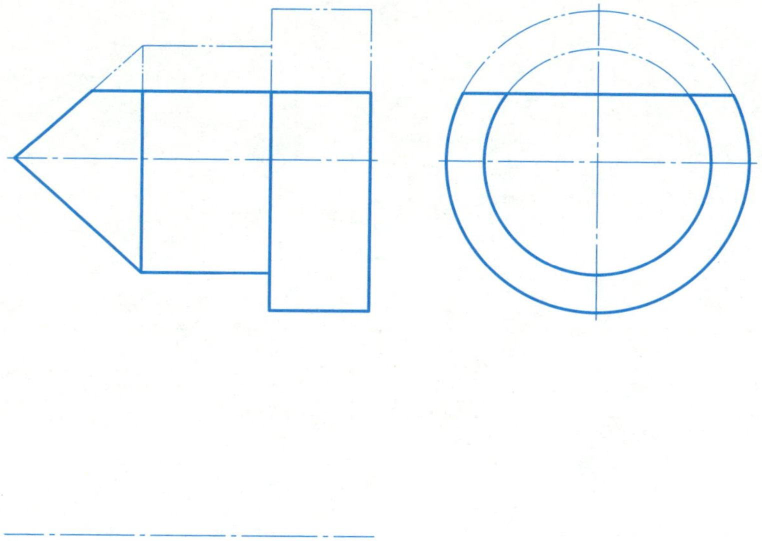

3-17 求相贯线的H、V面投影。

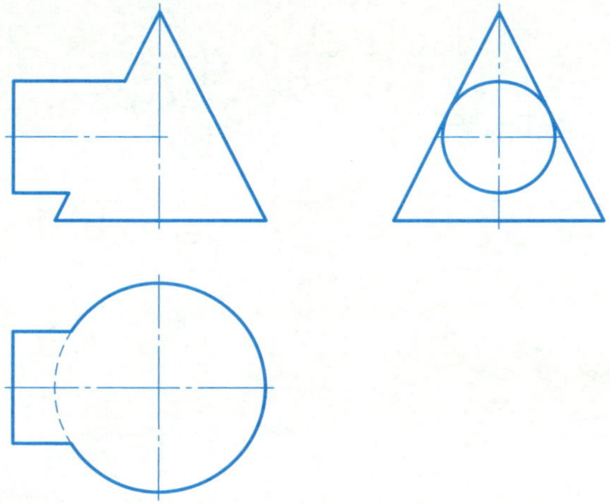

3-18 求相贯线的V面投影。

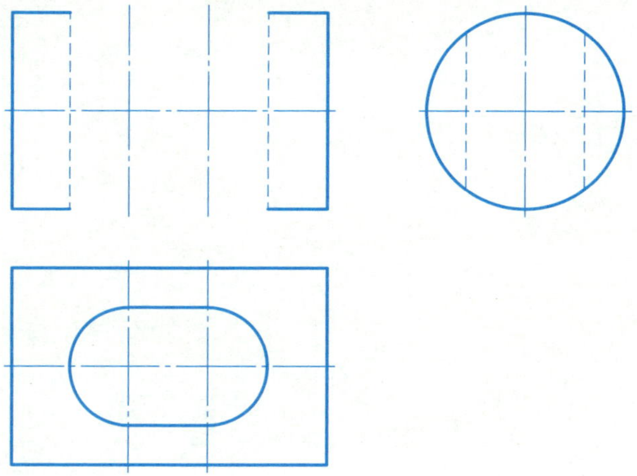

3-19 求相贯线的V面投影。

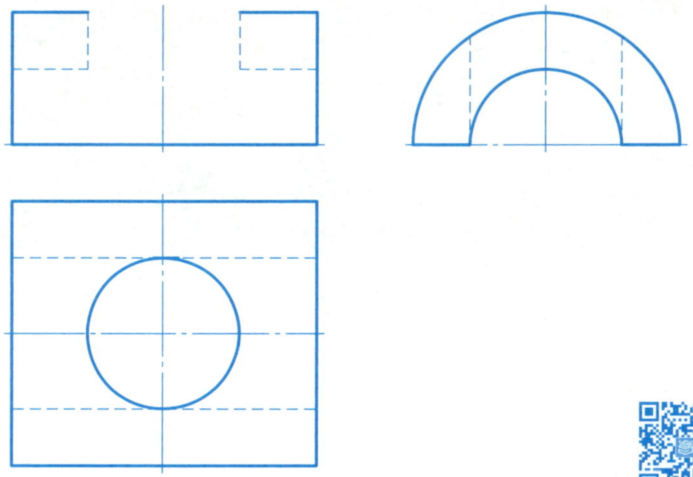

3-20 求相贯线的V面投影。

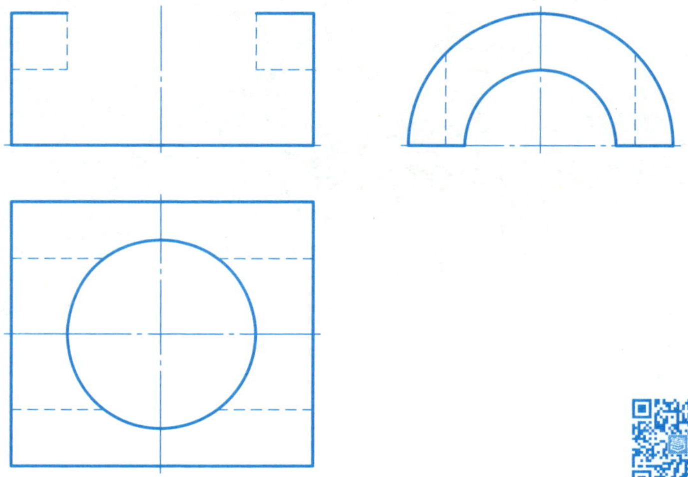

3-21 求作相贯线的投影。

①

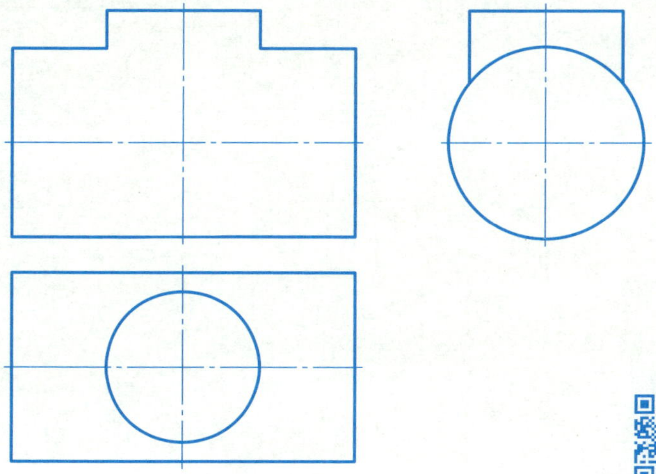

②

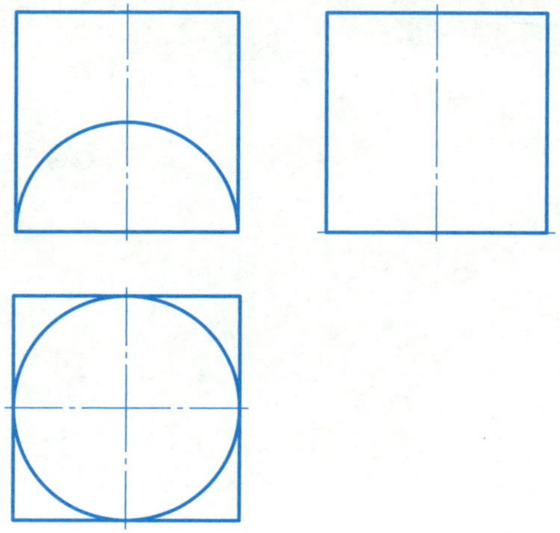

③

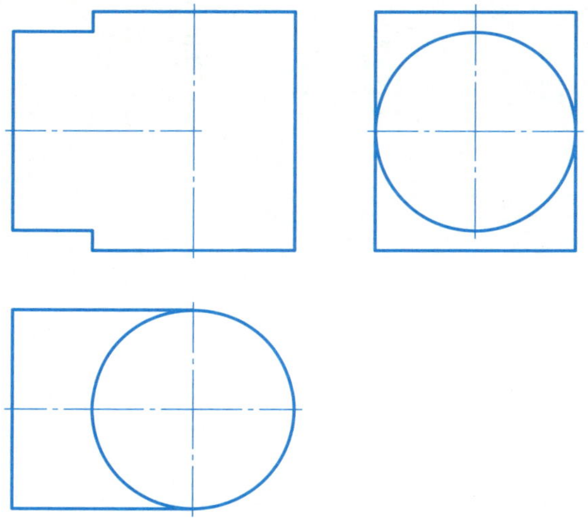

④

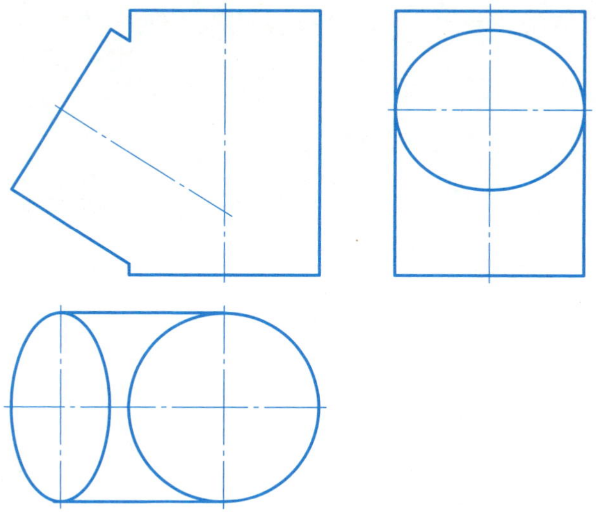

3-22 求相贯线的V、W面投影。

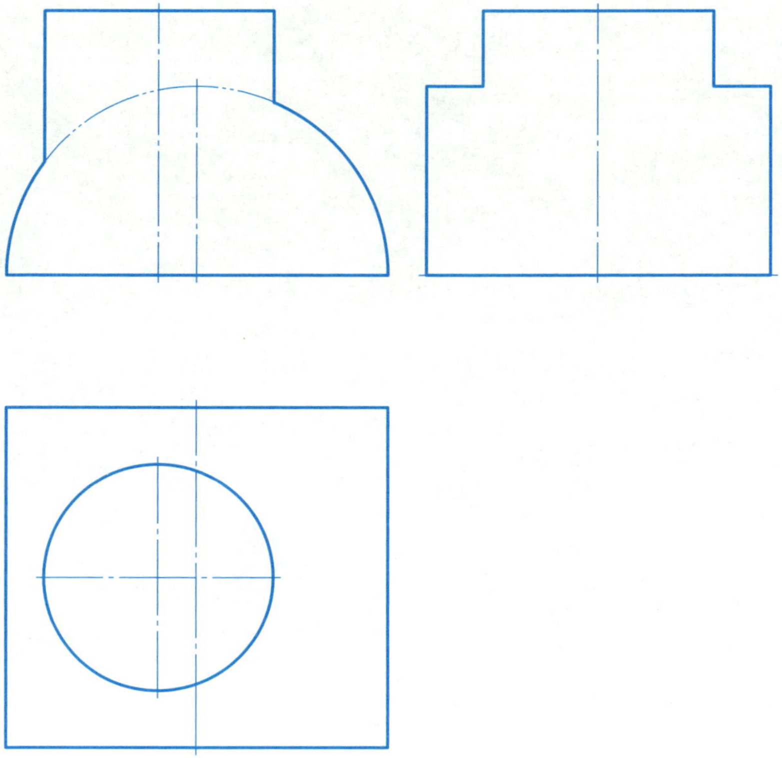

3-23 求相贯线的V、H面投影。

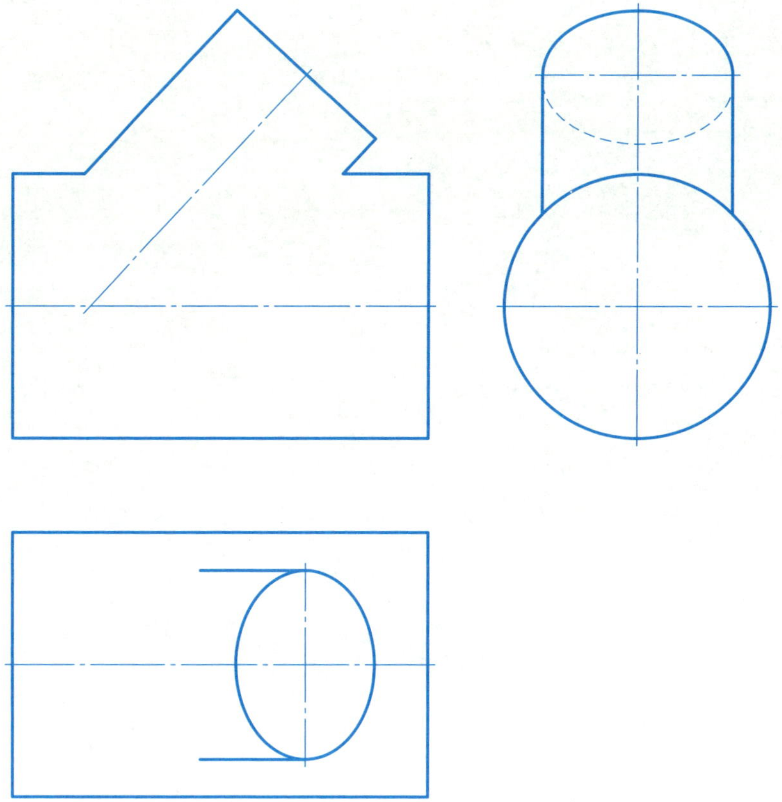

3-24 求圆柱与圆锥的相贯线。

①

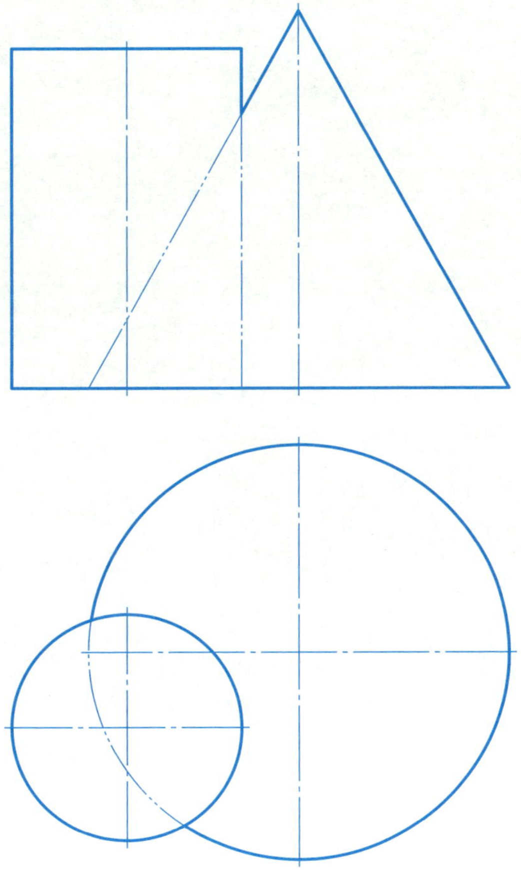

②

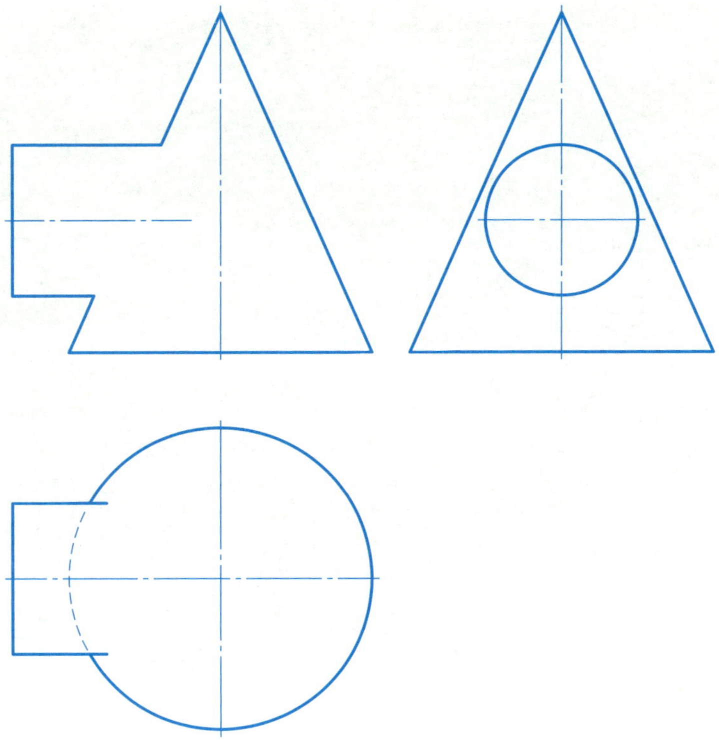

3-25 求两圆柱的相贯线。

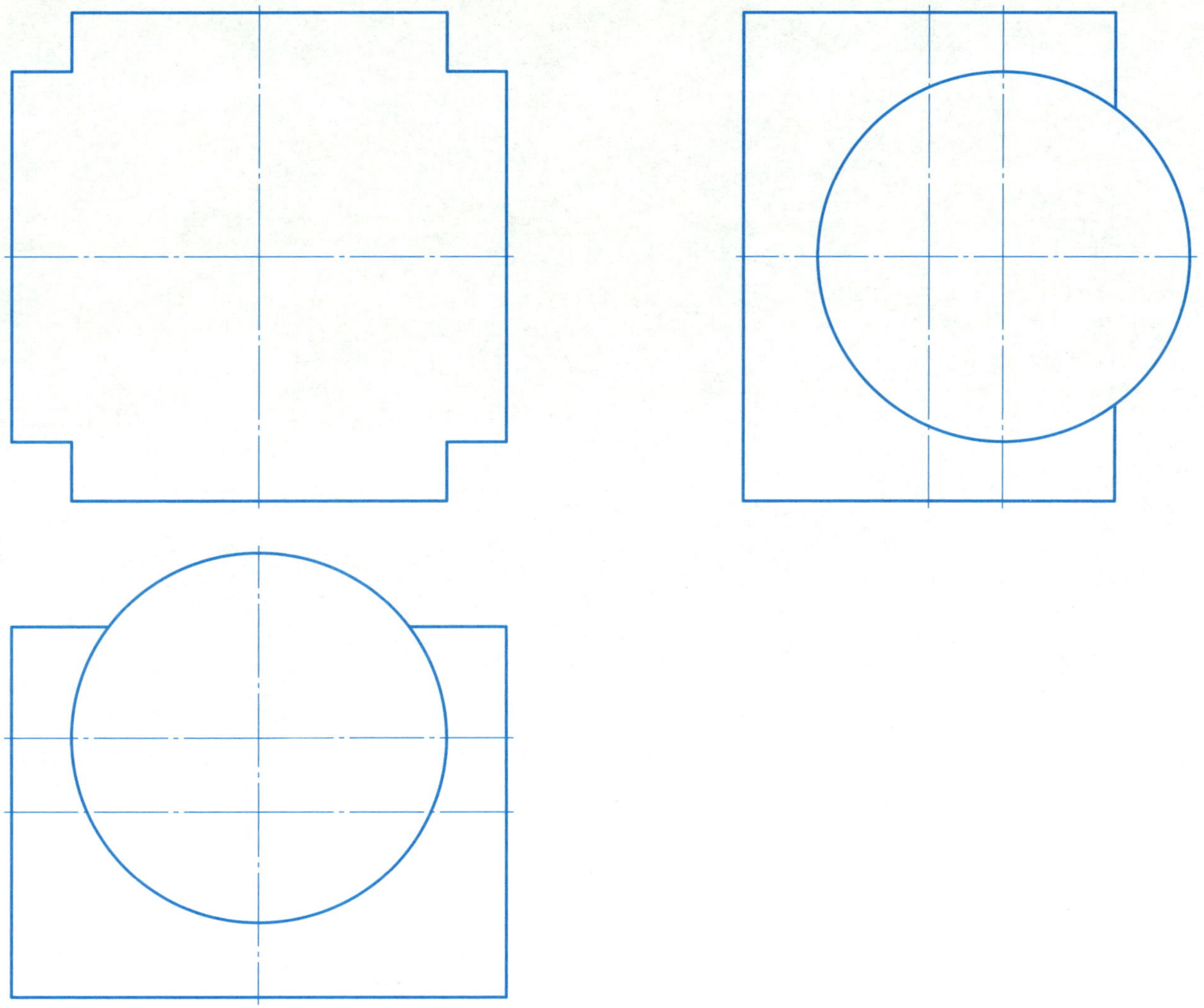

4-1 由立体的轴测图画出三视图（按图上尺寸，用1∶1的比例画图）。

①

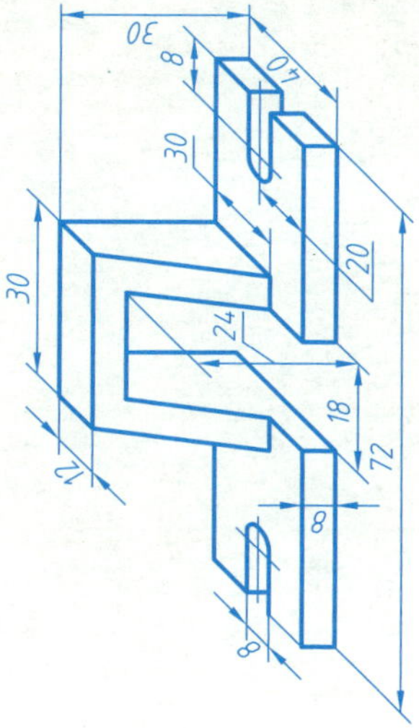

②

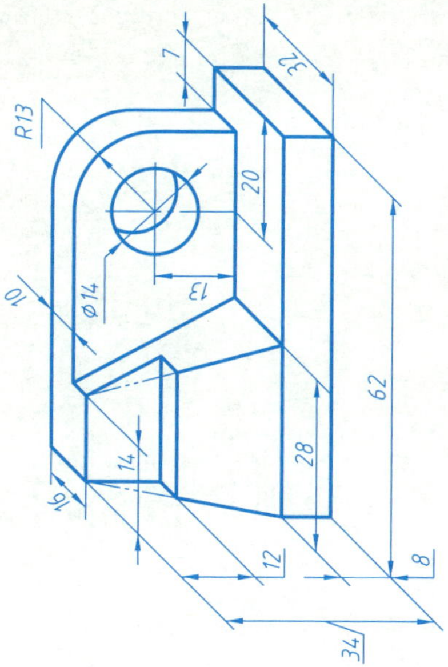

4-2 由立体的轴测图画出三视图（按图上尺寸，用1:1的比例画图）。

①

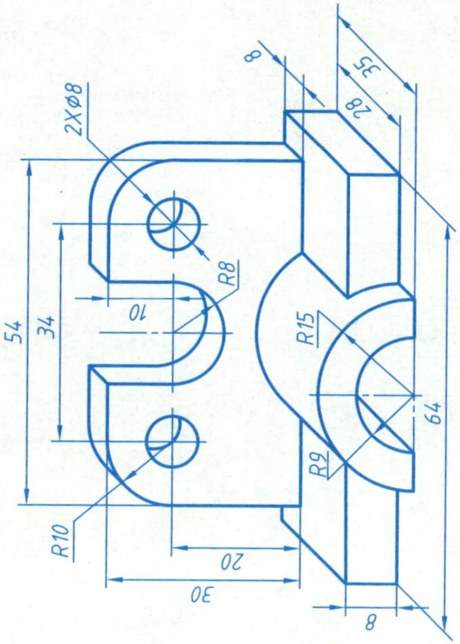

②

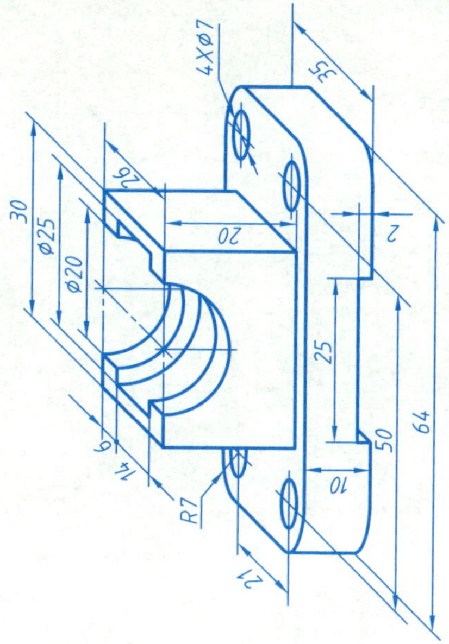

4-3 补全各视图上所缺的图线。

①

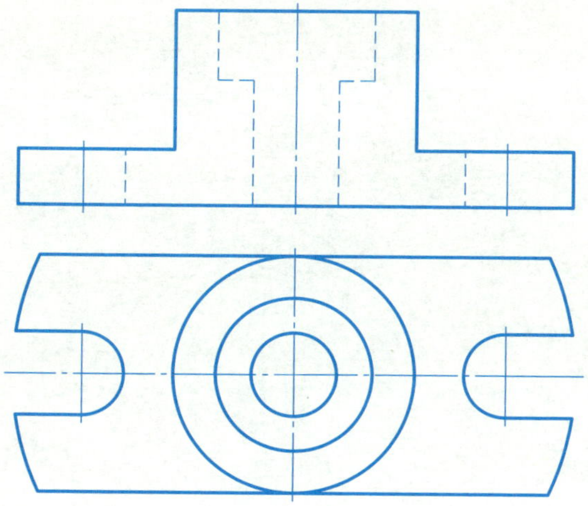

②

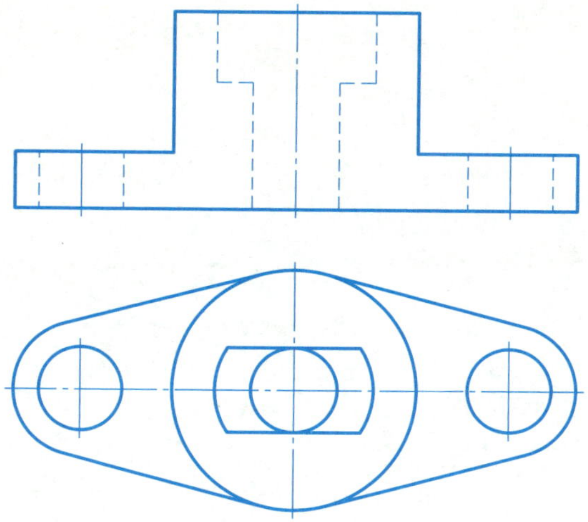

③

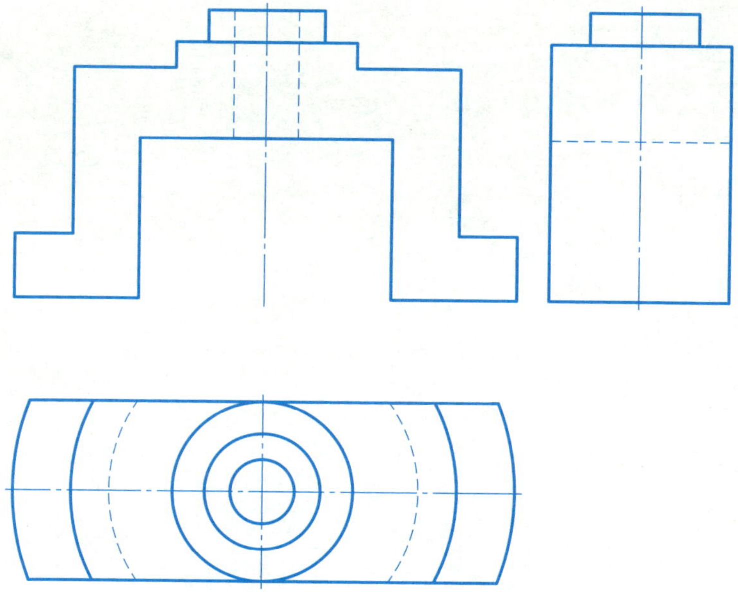

4-4 补全各视图上所缺的图线。

①

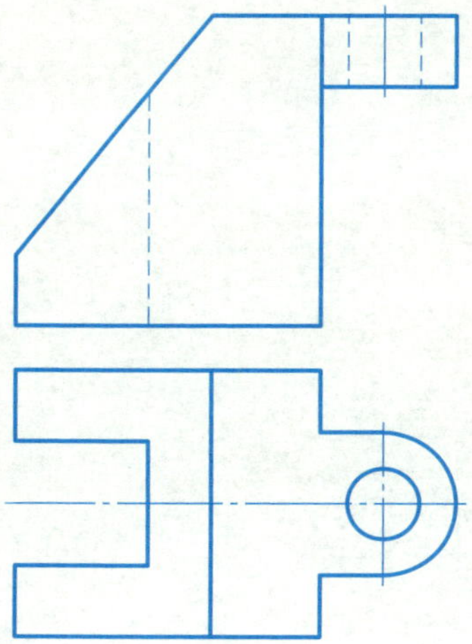

②

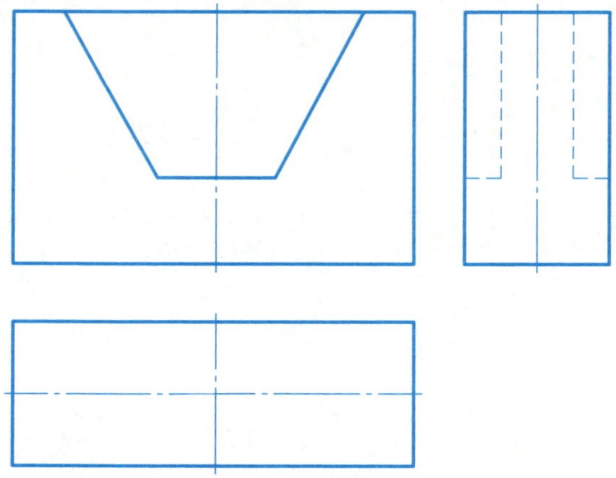

③

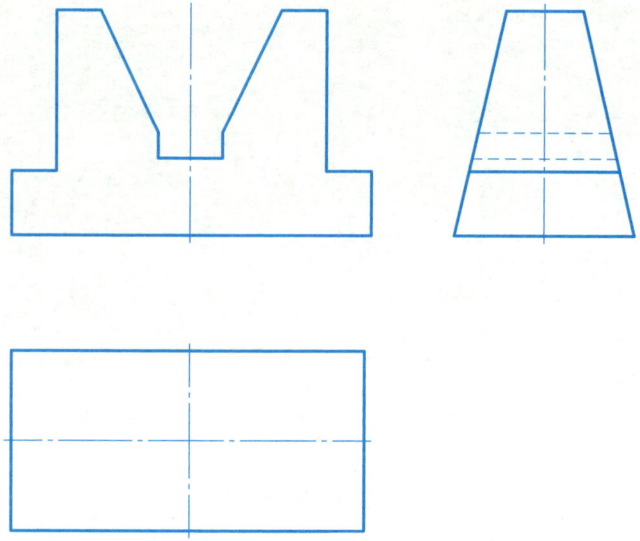

4-5 补画组合体的第三视图。

①

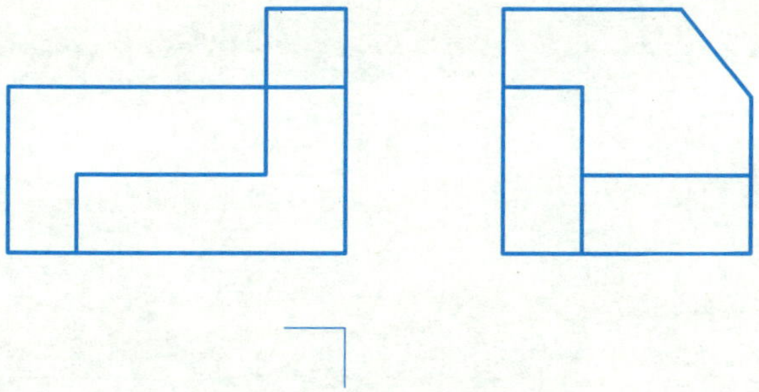

②

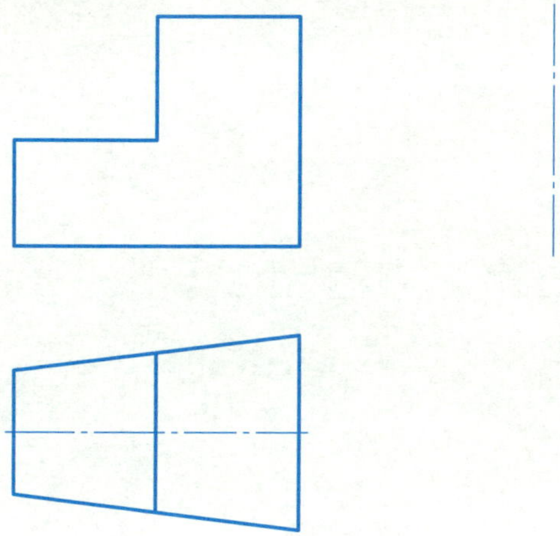

③

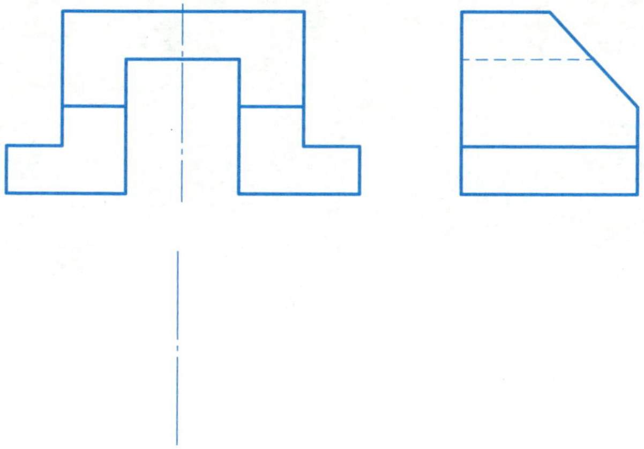

④

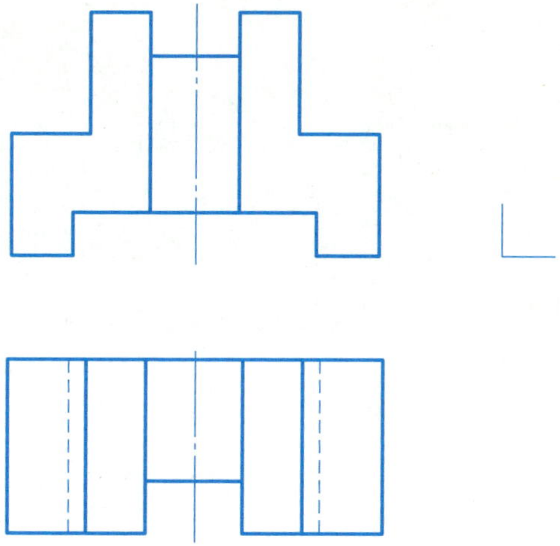

4-6 补画组合体的第三视图。

①

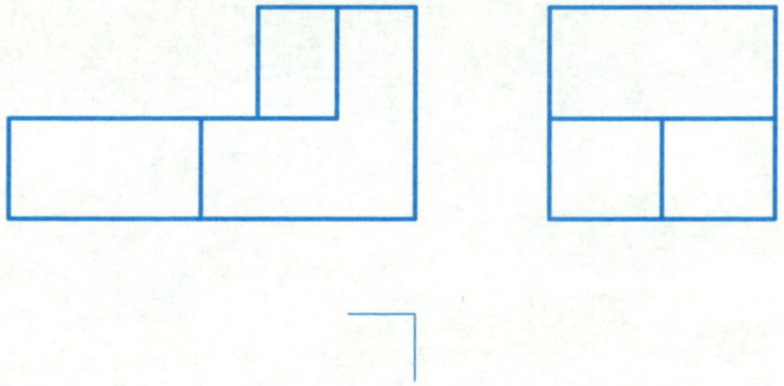

②

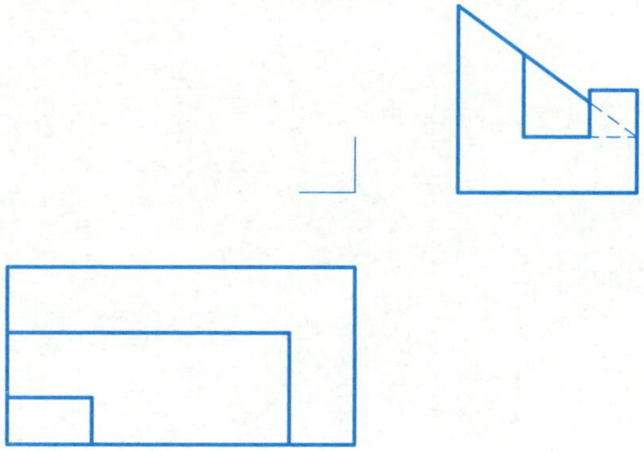

③

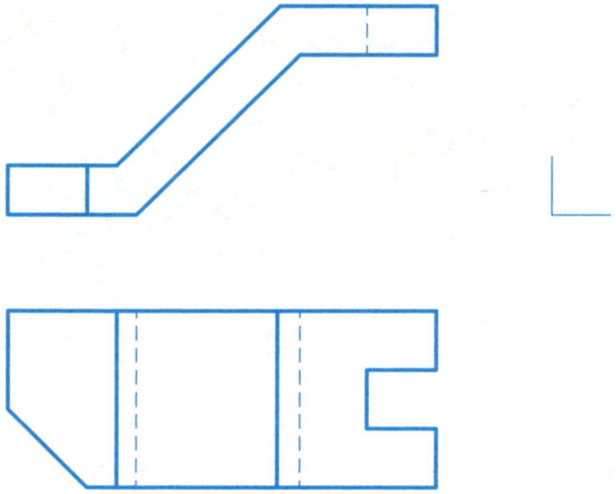

④

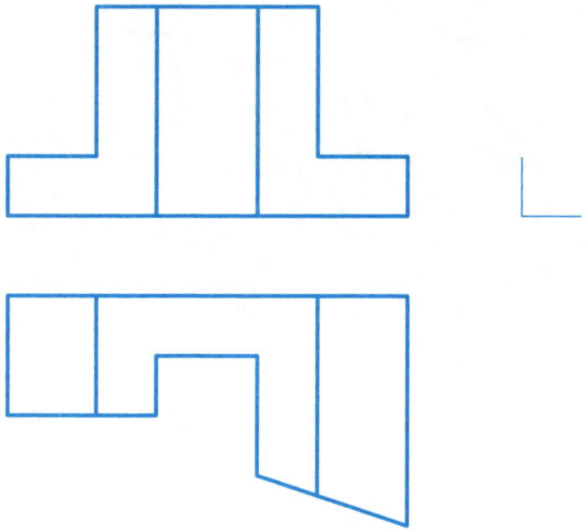

4-7 补画组合体的第三视图。

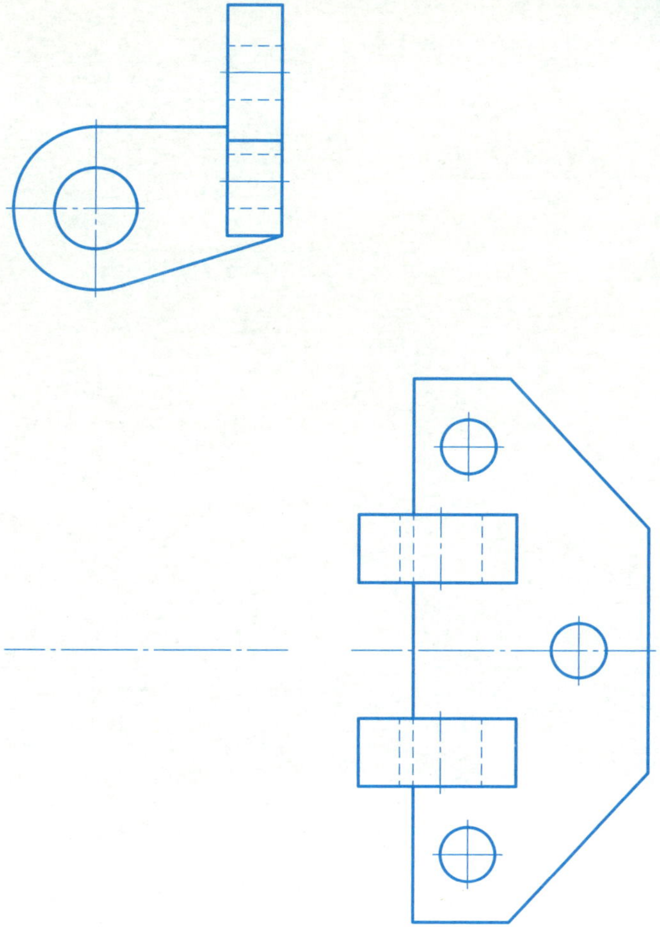

①

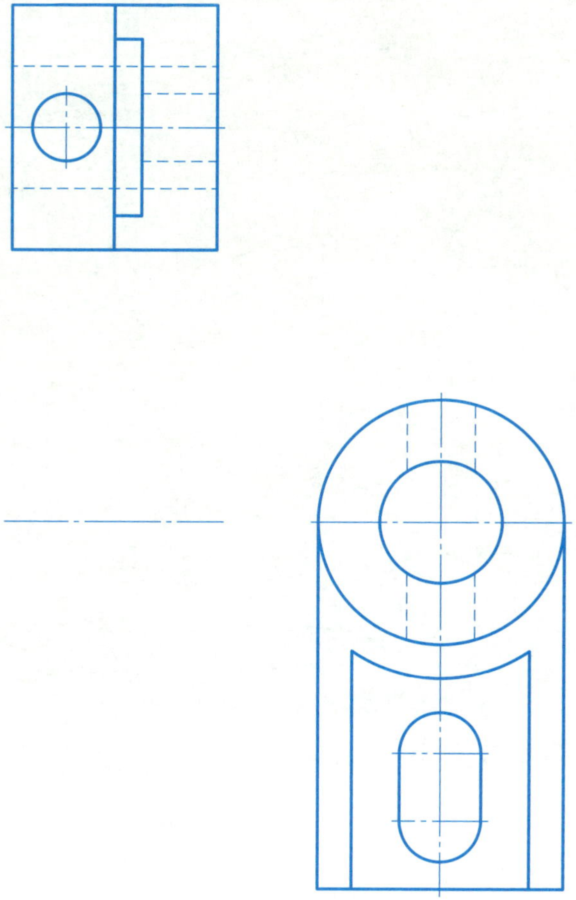

②

4-8 补画组合体的第三视图。

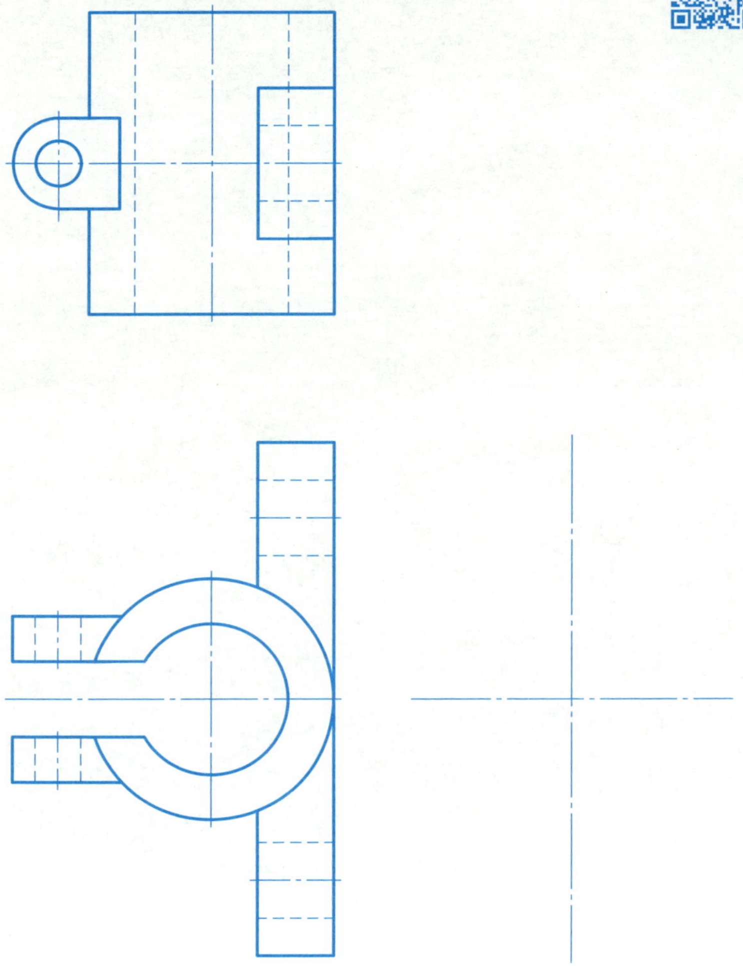

①

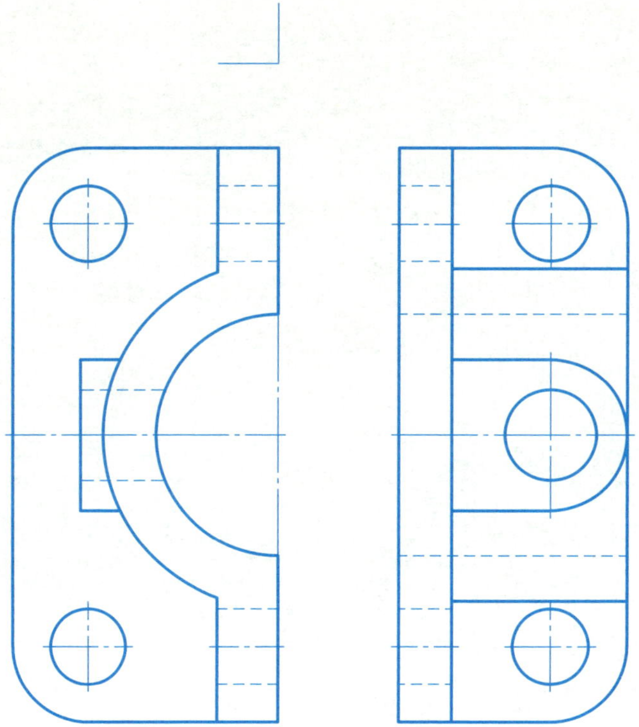

②

4-9 补画组合体的第三视图。

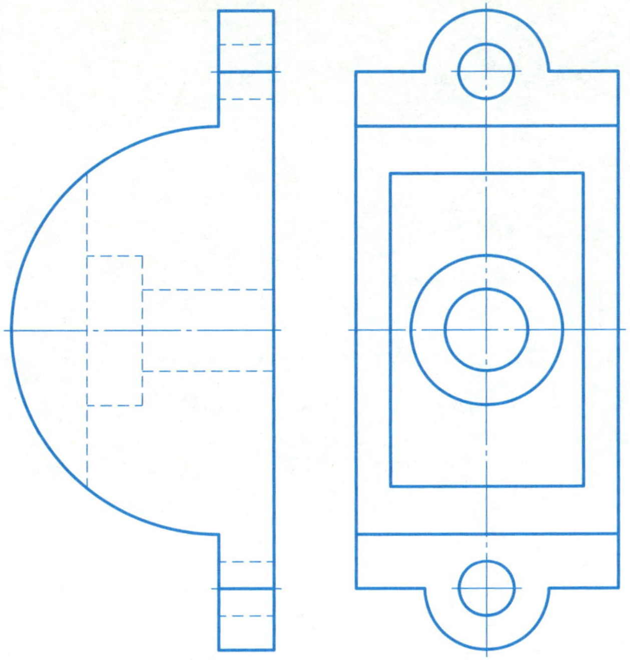

①

②

4-10 补画组合体的第三视图。

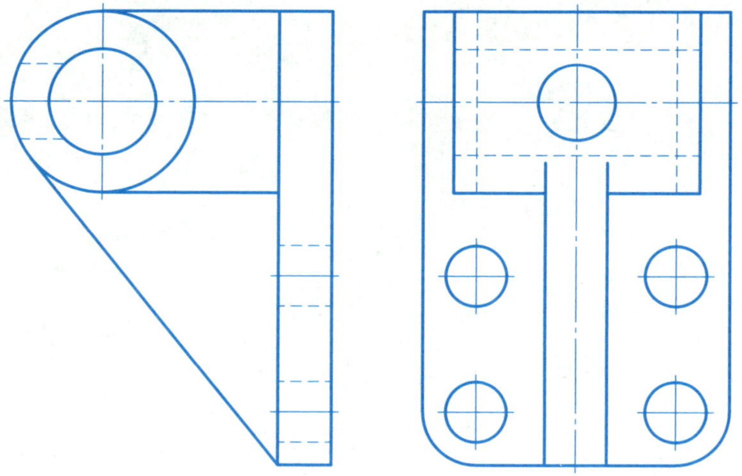

①

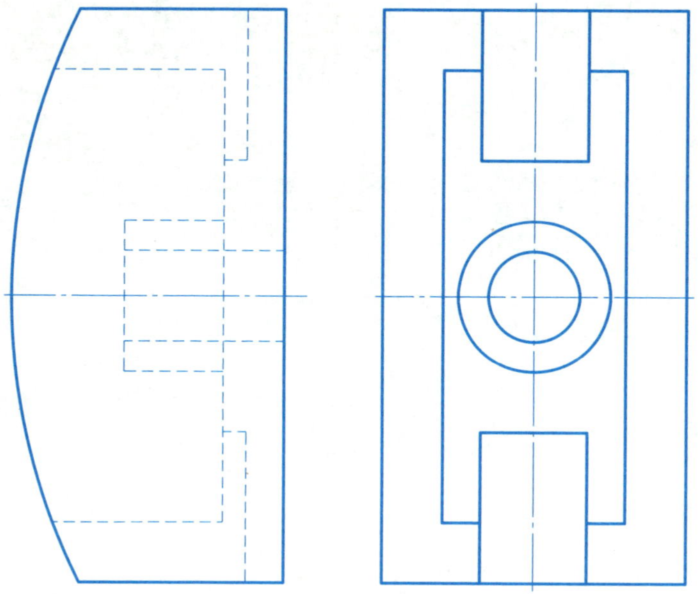

②

4-11 补画组合体的第三视图。

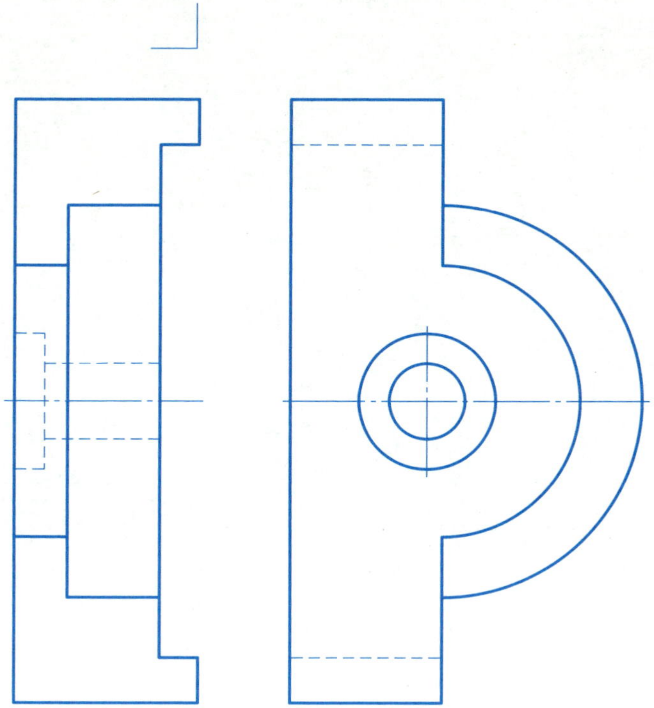

①

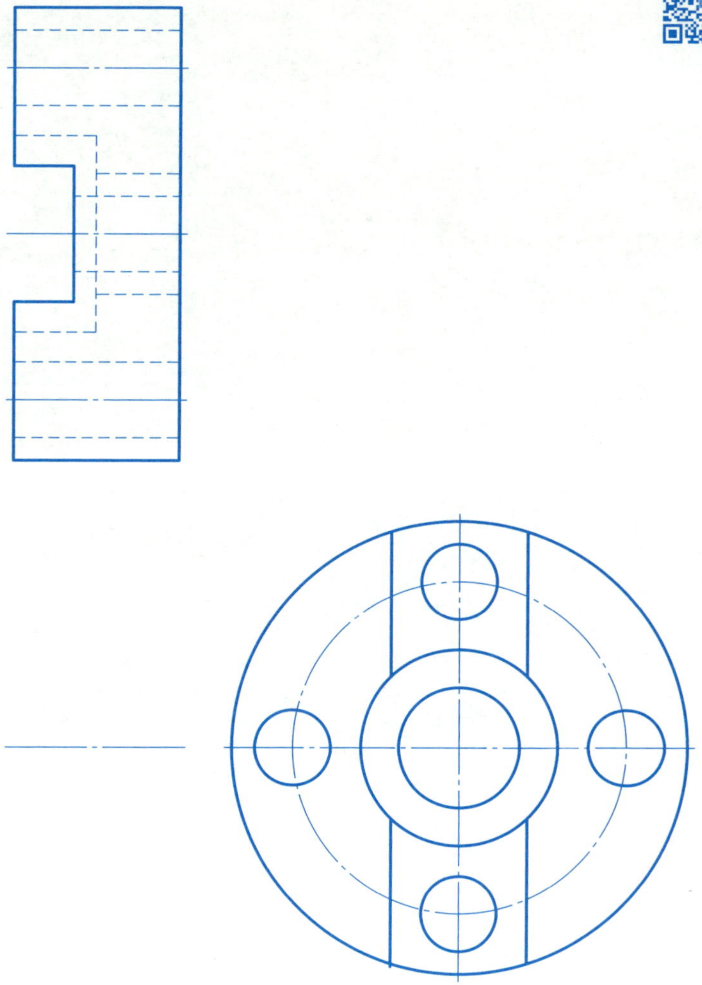

②

4-12 补画组合体的第三视图。

①

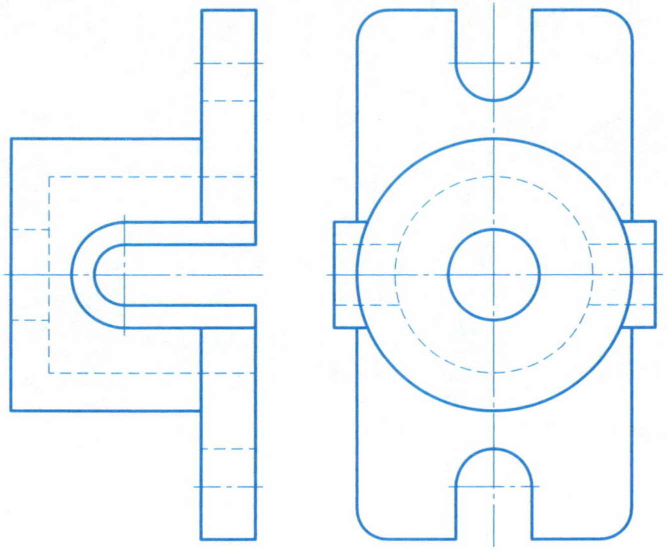

②

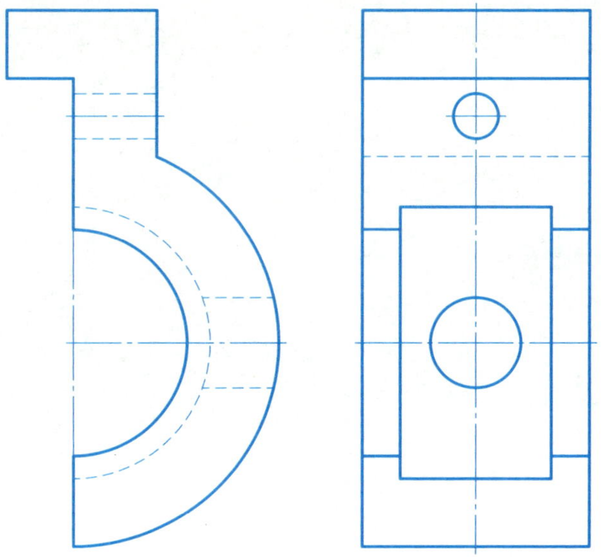

4-13 看懂已给的两个视图，补画第三视图。

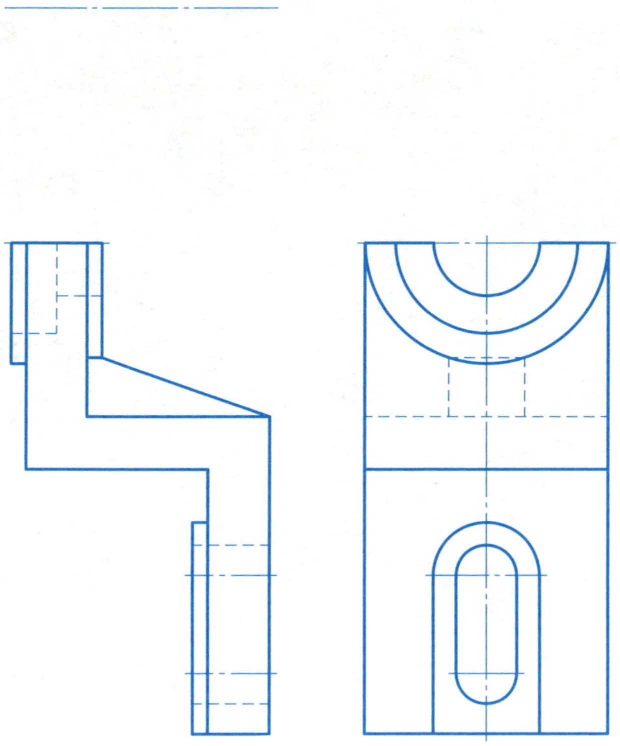

①

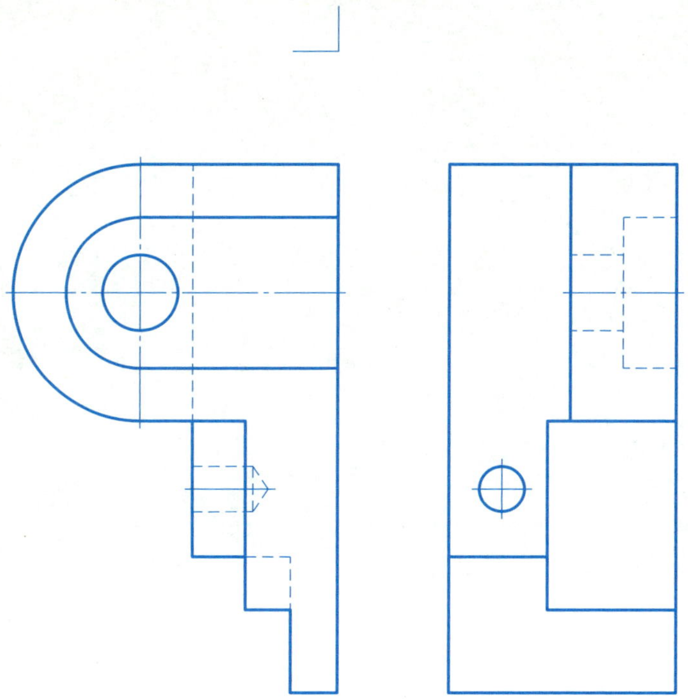

②

4-14 看懂已给的两个视图，补画已给视图中未表达清楚的结构形状，并画出第三视图。

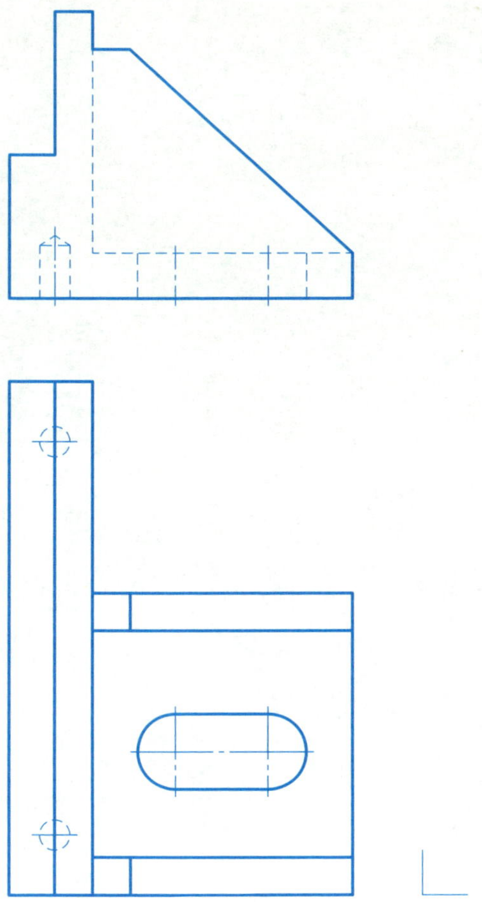

①

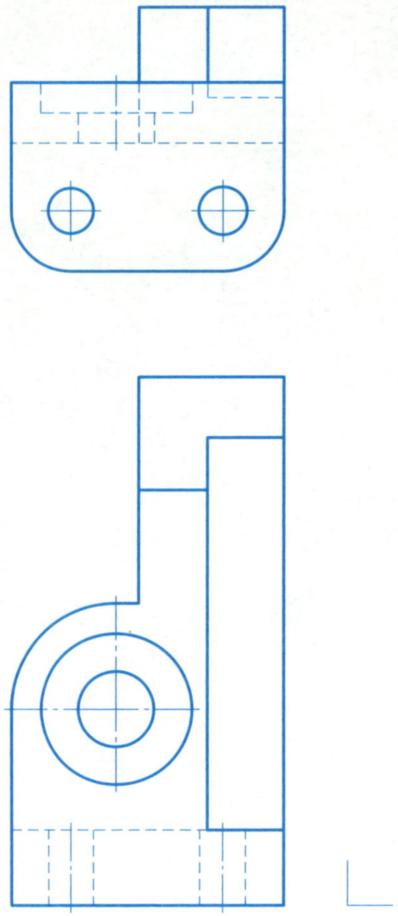

②

4-15 补全三视图上遗漏的尺寸。

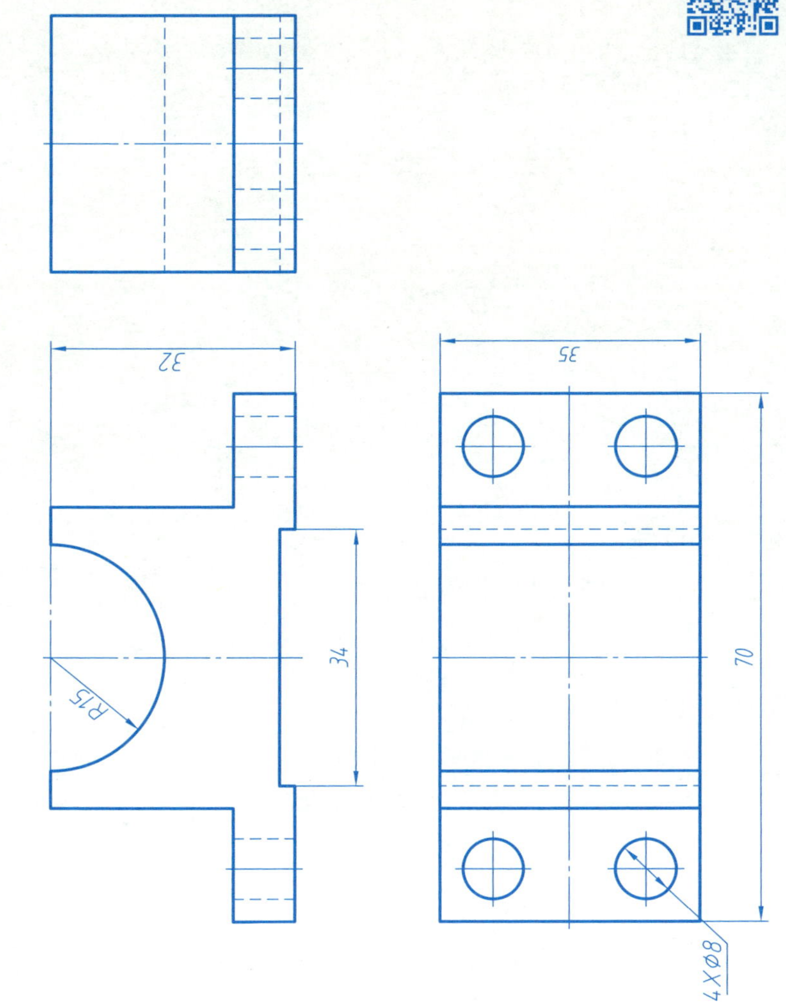

①

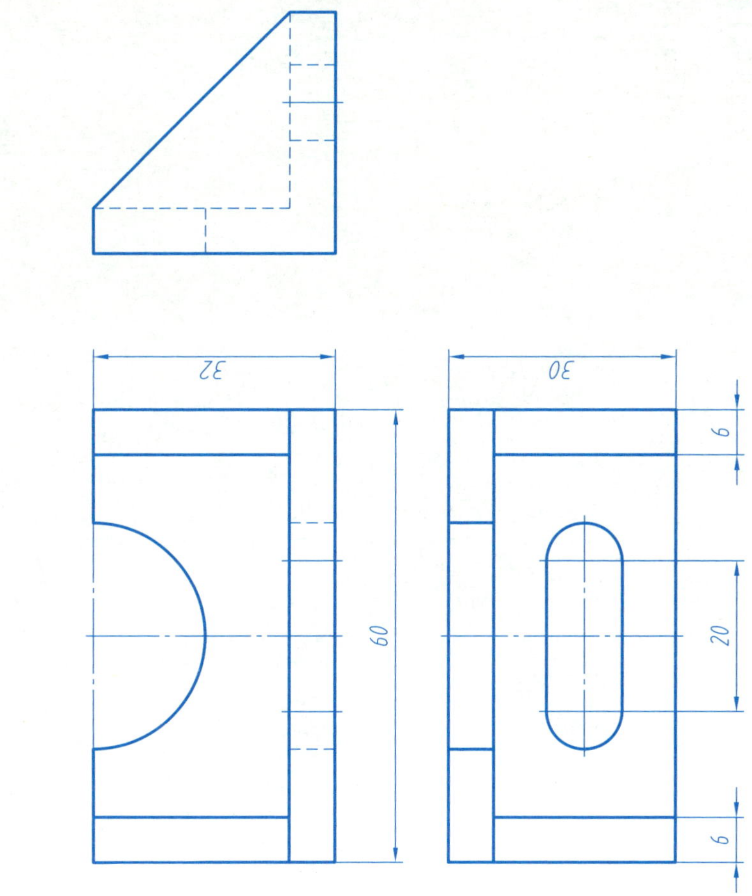

②

4-16 补全三视图上遗漏的尺寸。

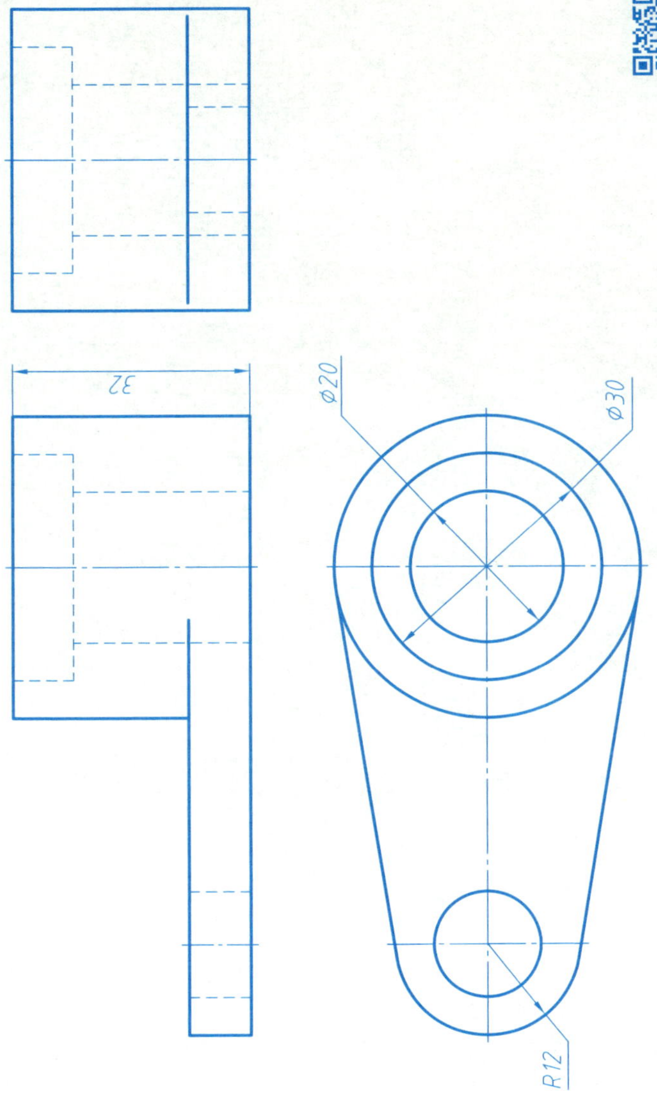

①

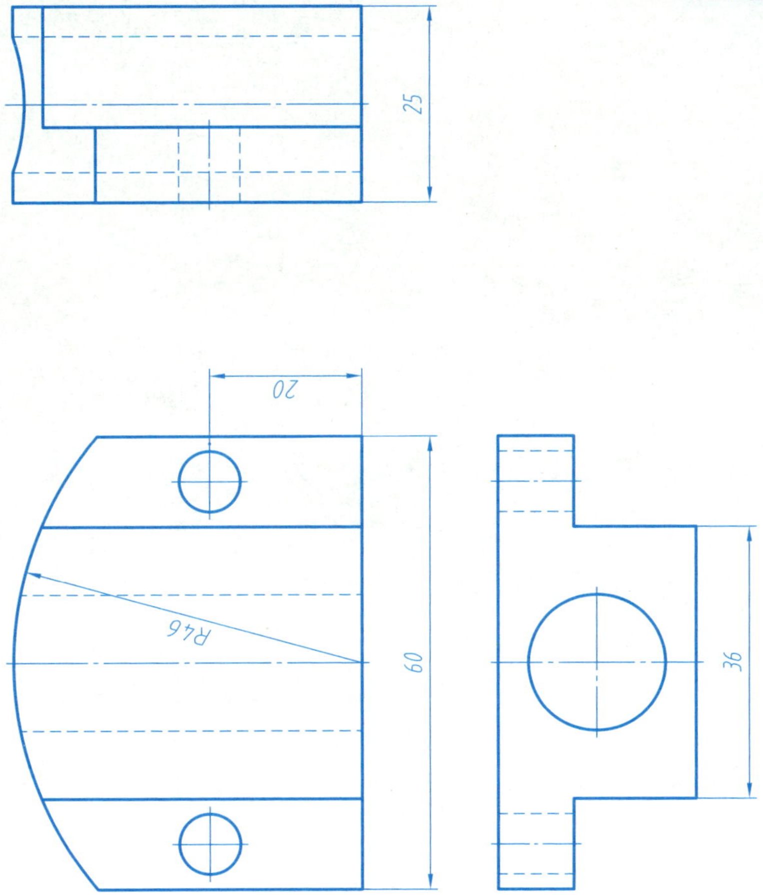

②

4-17 在三视图上标注尺寸（尺寸数值由图上按1:1量取，并取整数）。

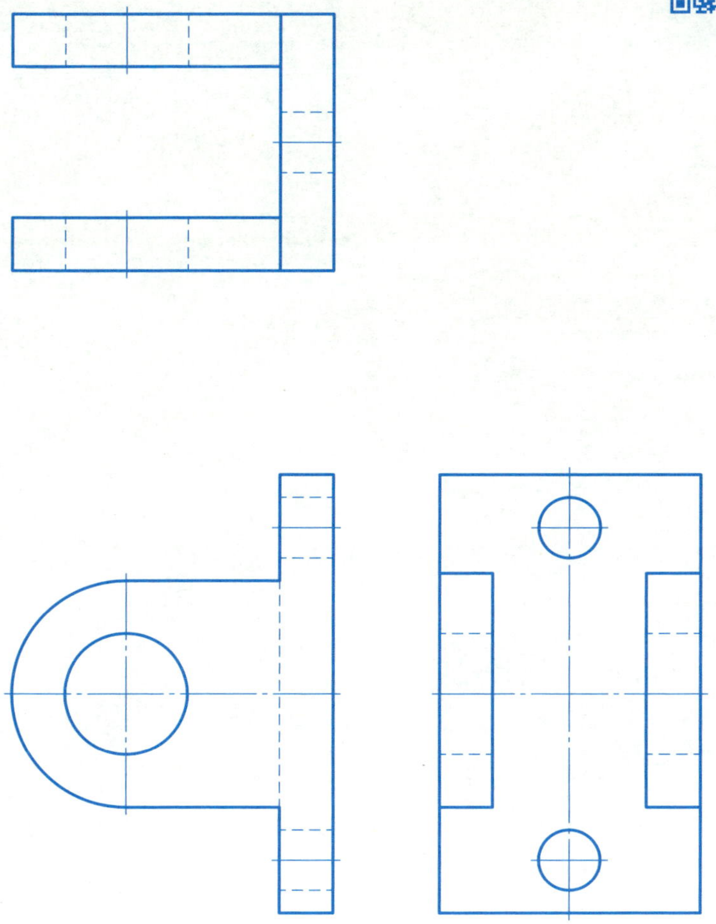

①

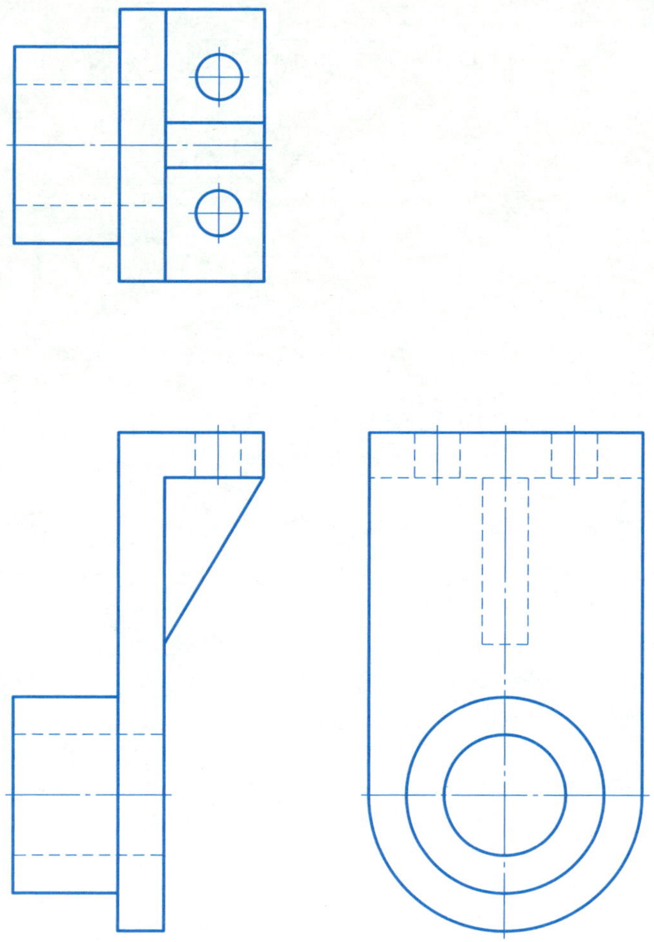

②

4-18 补画第三视图，并标注尺寸。

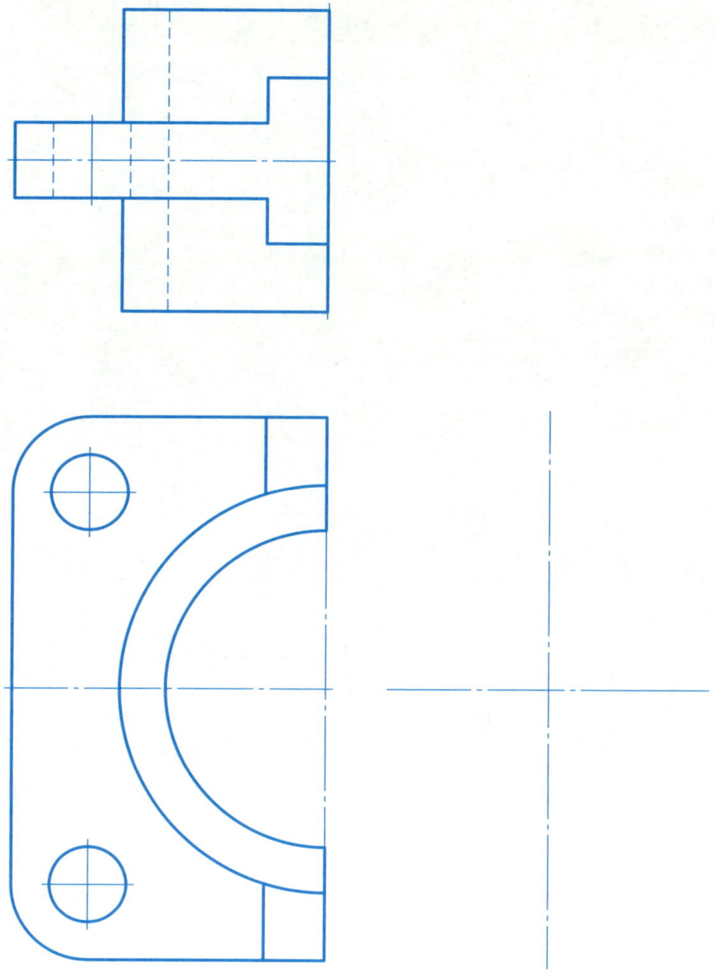

①

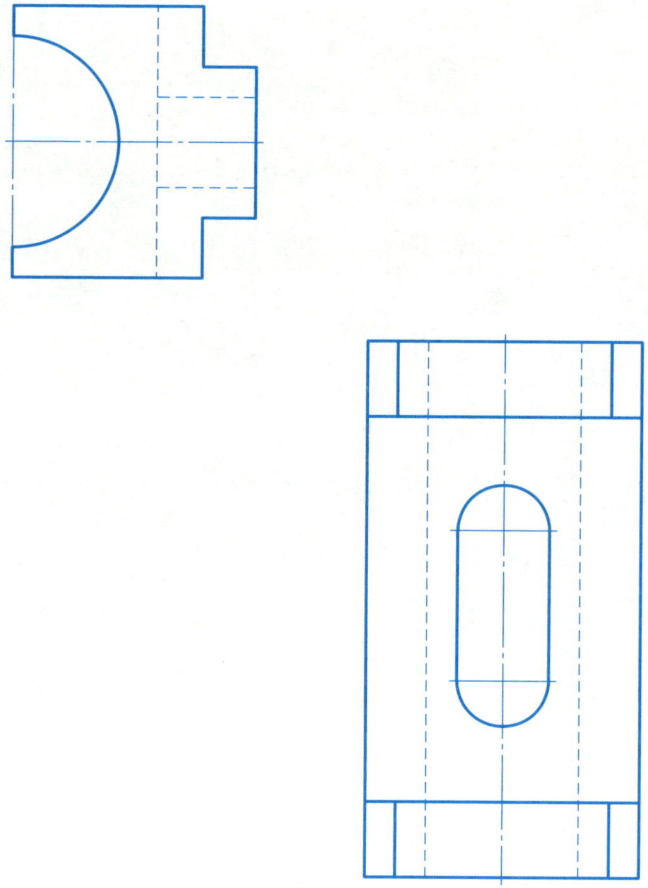

②

4-19 由立体的轴测图和A向视图画三视图，并标注尺寸（采用A3图幅，比例为2:1）。

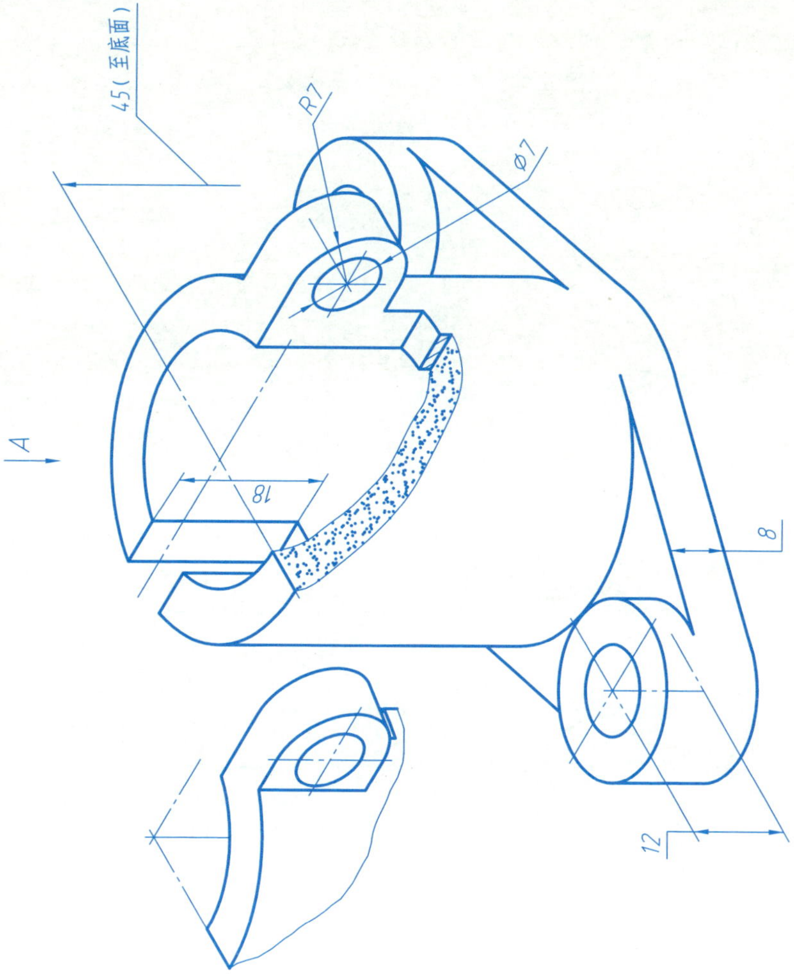

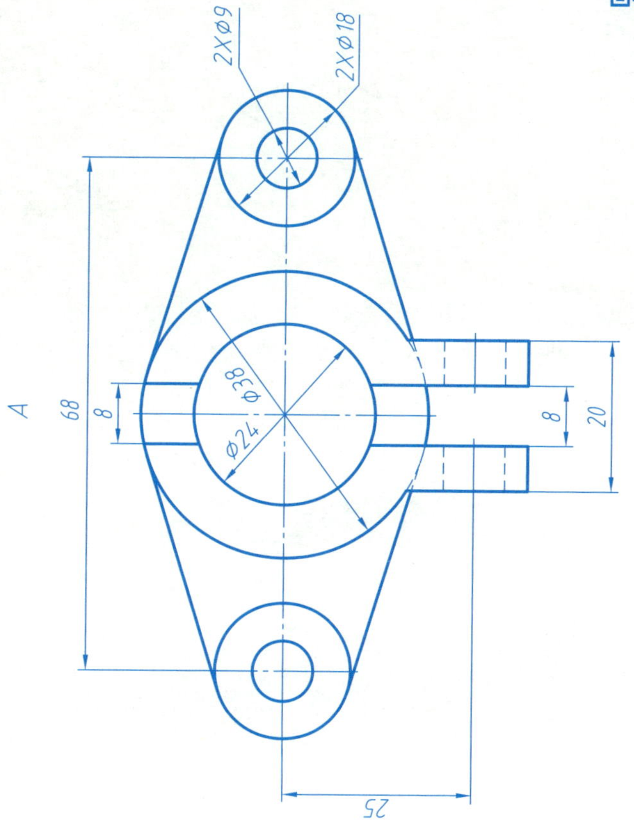

4-20 由立体的轴测图和A向视图画三视图，并标注尺寸（采用A3图幅，比例为2:1）。

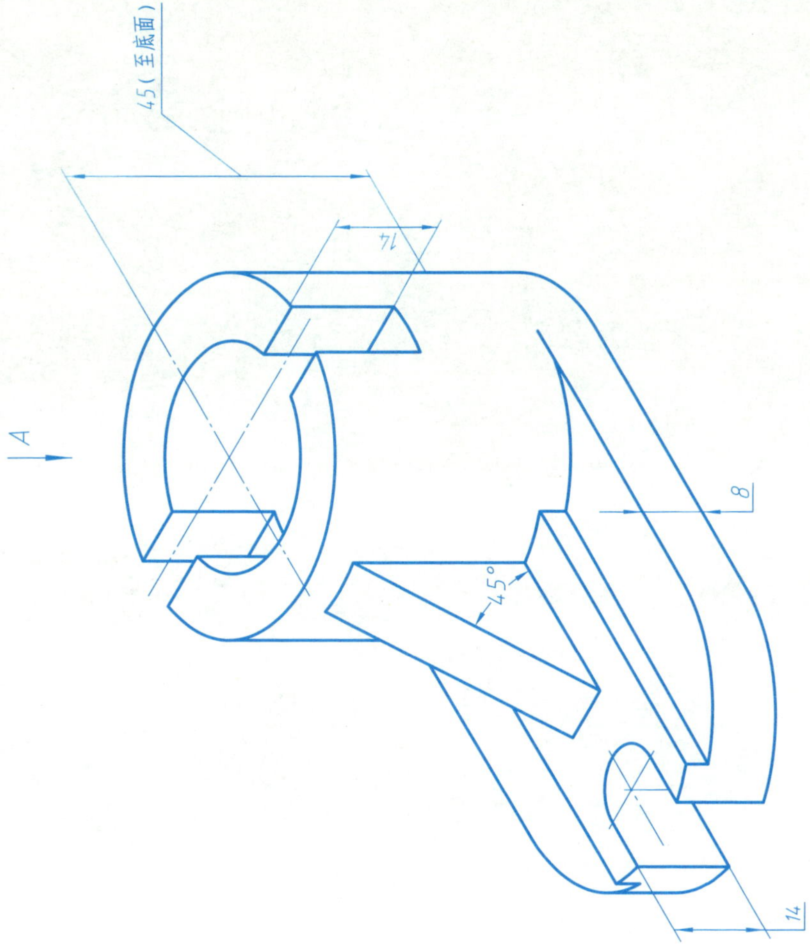

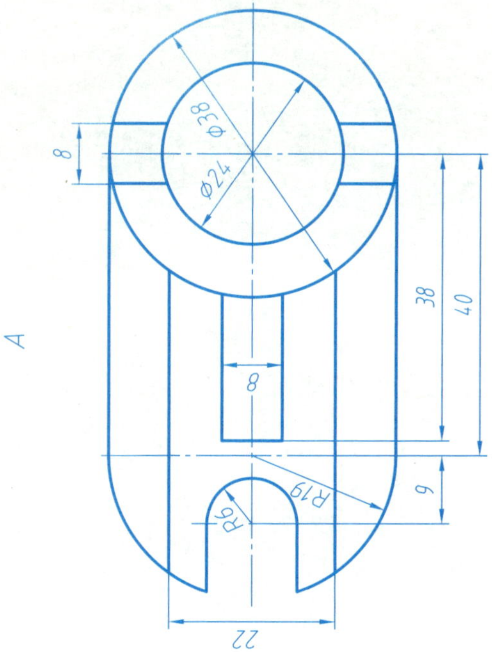

4-21 补画第三视图，并标注尺寸（采用A3图幅，比例为1:1）。

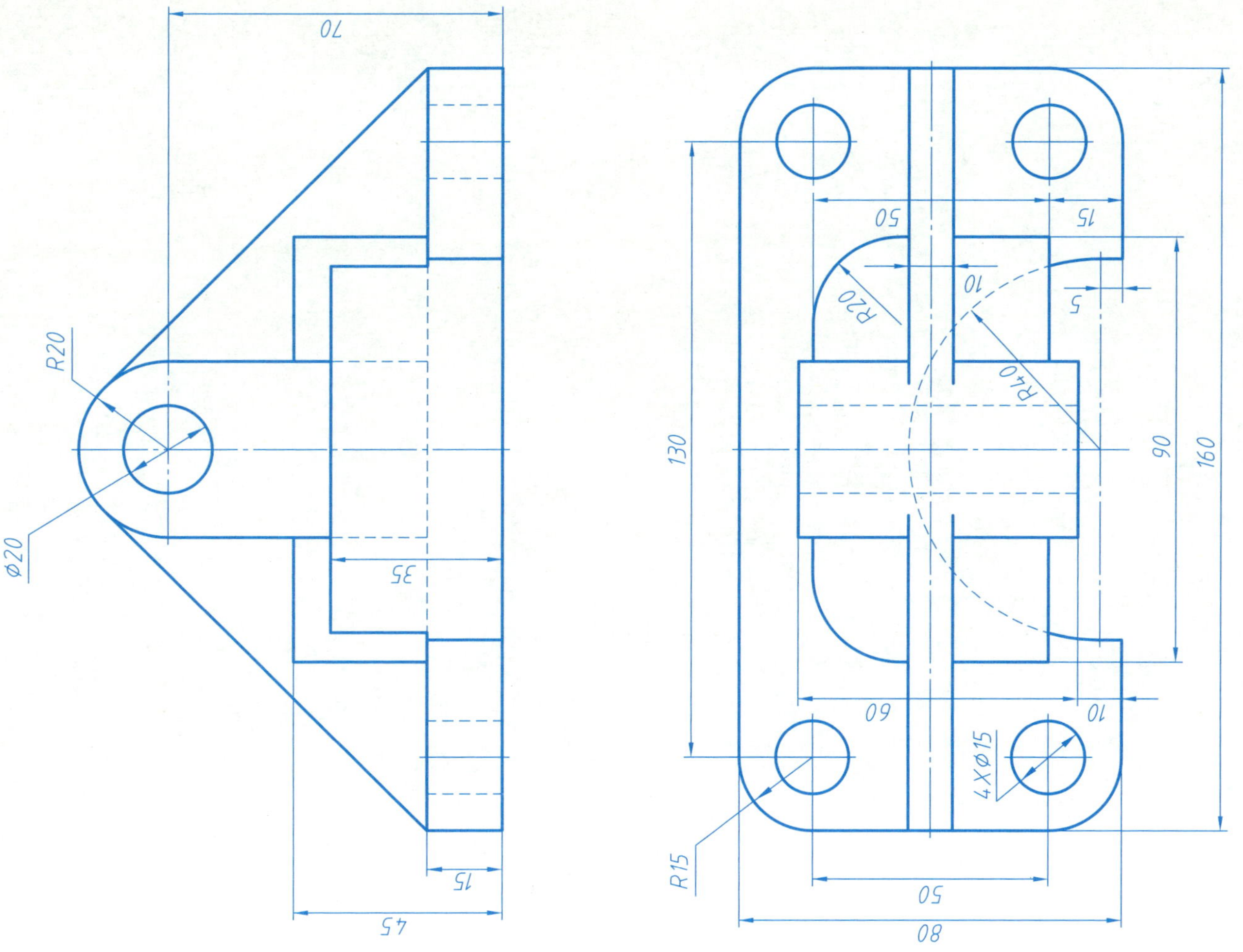

4-22 补画第三视图，并标注尺寸（采用A3图幅，比例为1:1）。

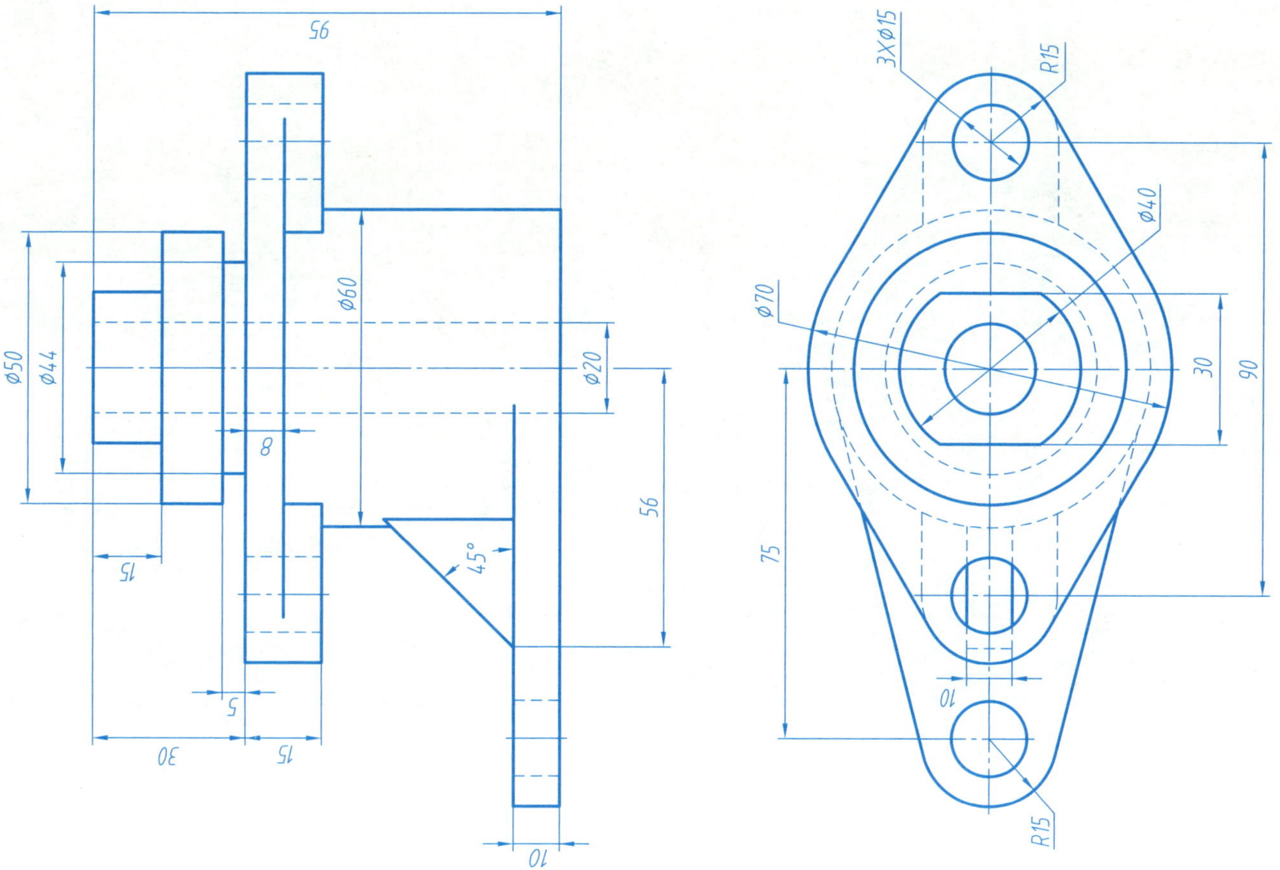

5-1 补画立体的第三视图，并作出其正等轴测图。

①

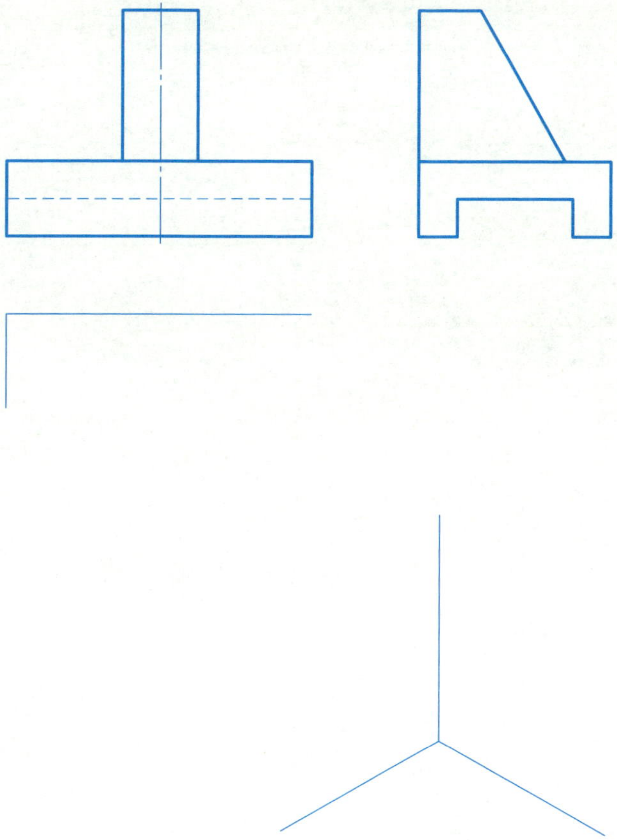

②

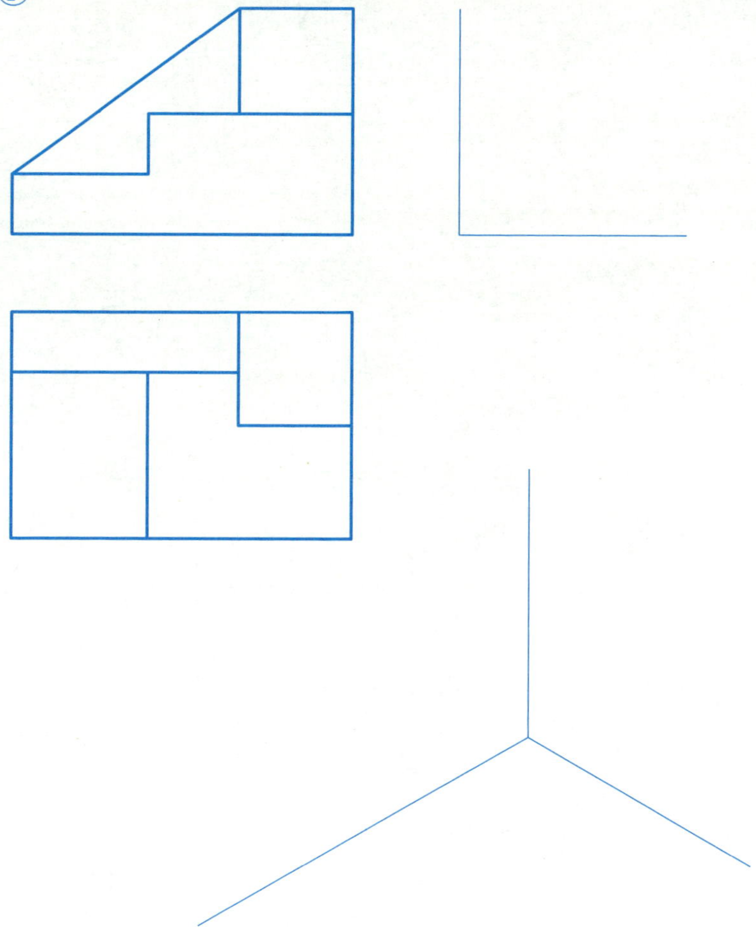

③

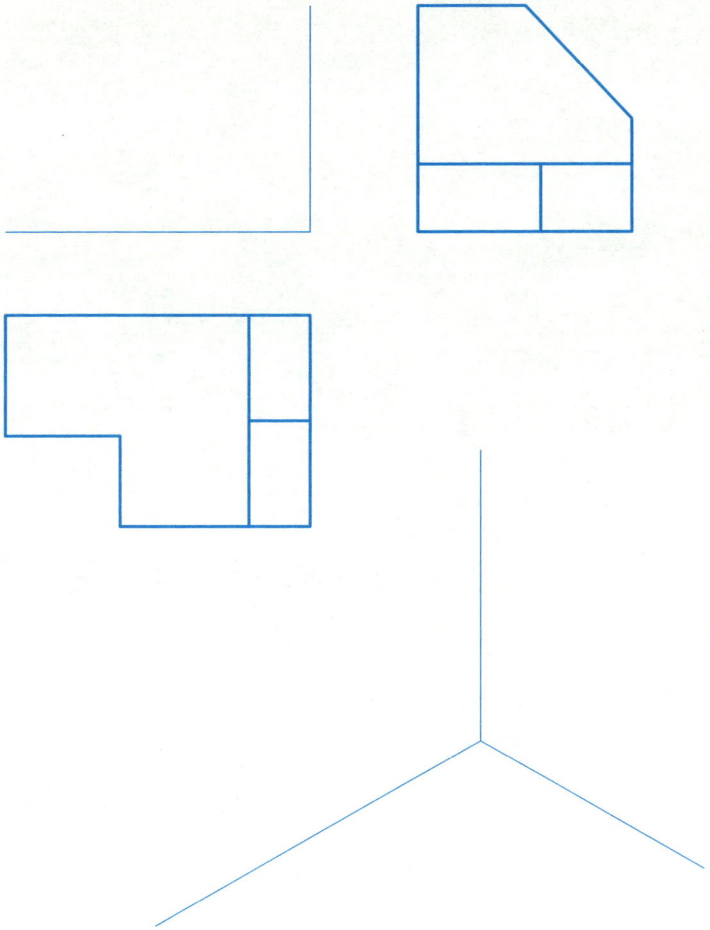

④

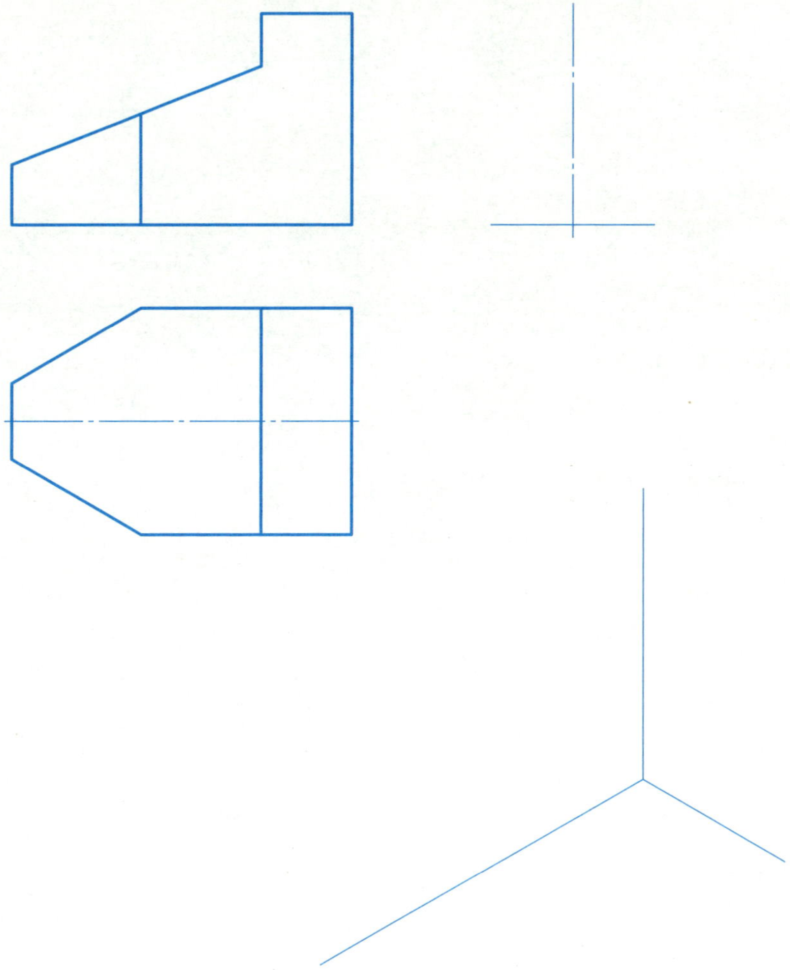

5-2 画正等轴测图。

①

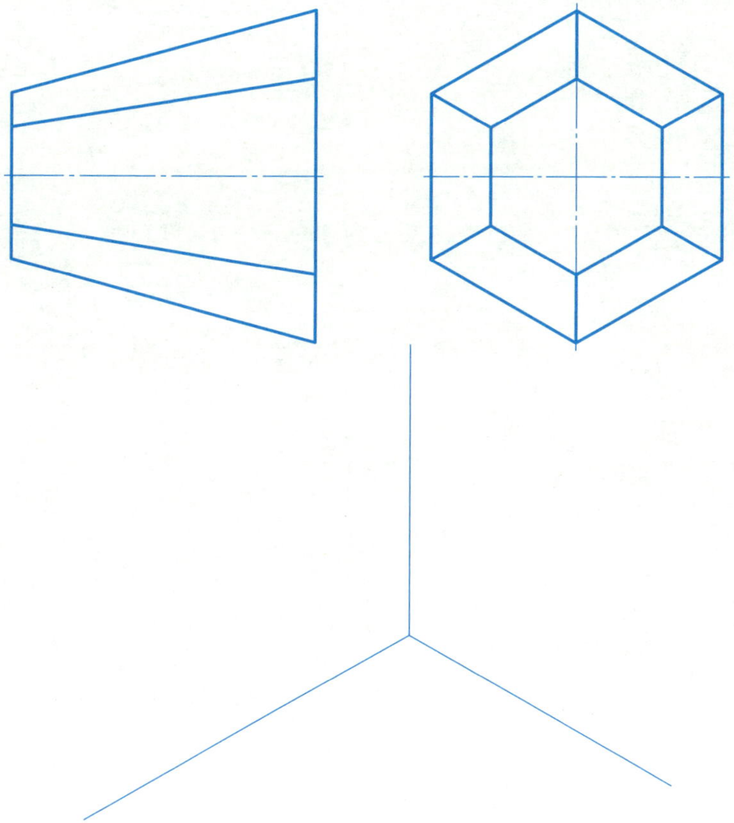

②

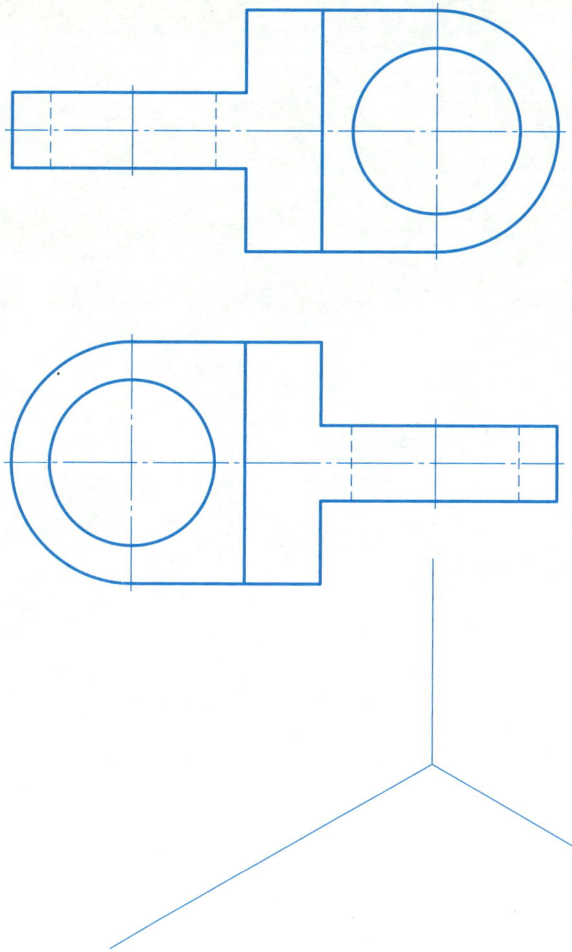

5-3 画正等轴测图。

①

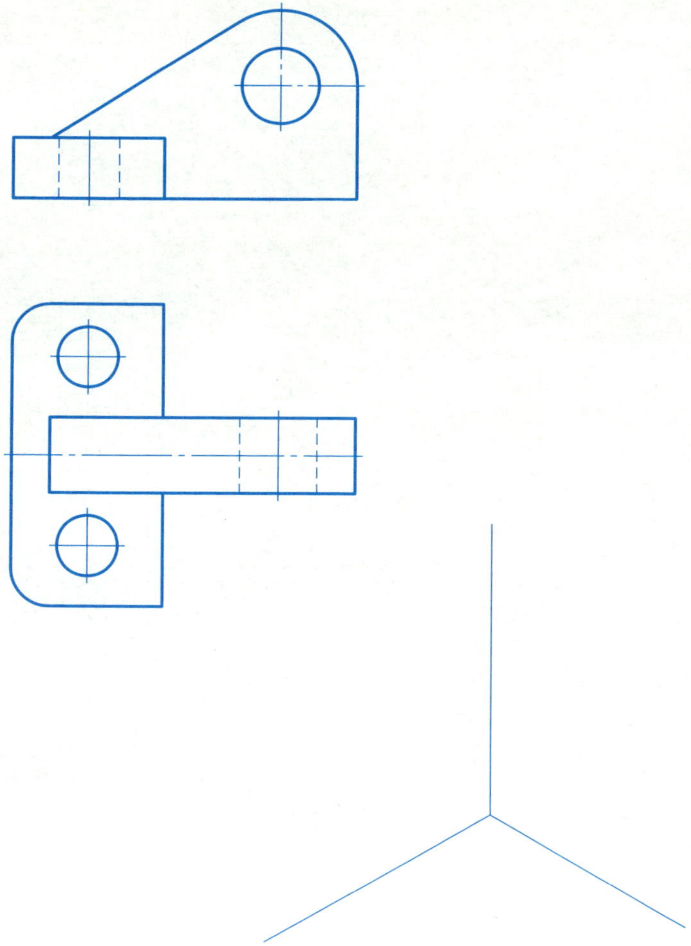

②

5-4 完成下图的正等轴测图。

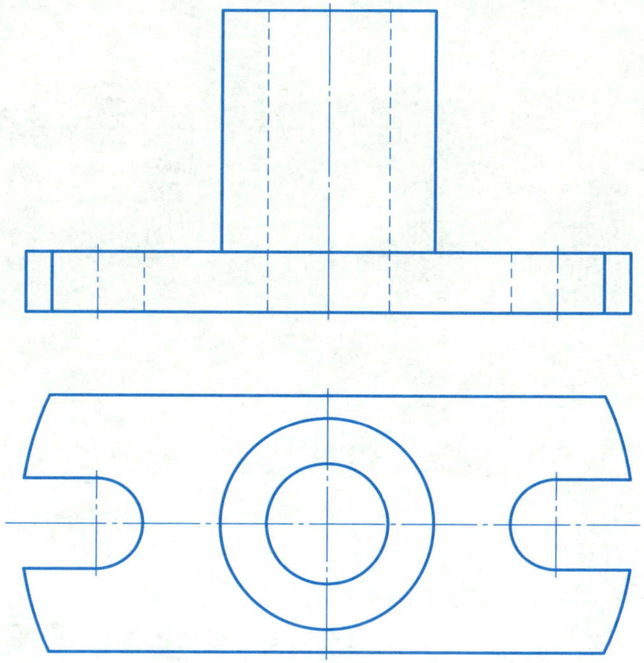

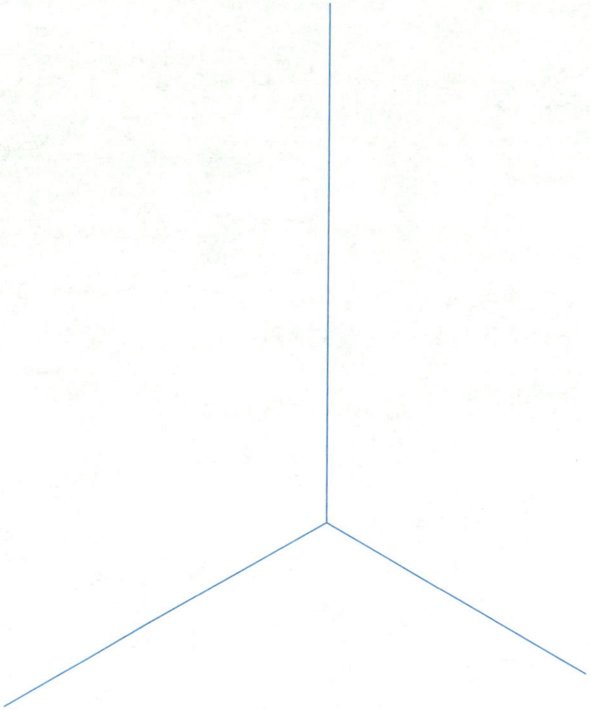

5-5 画斜二轴测图。

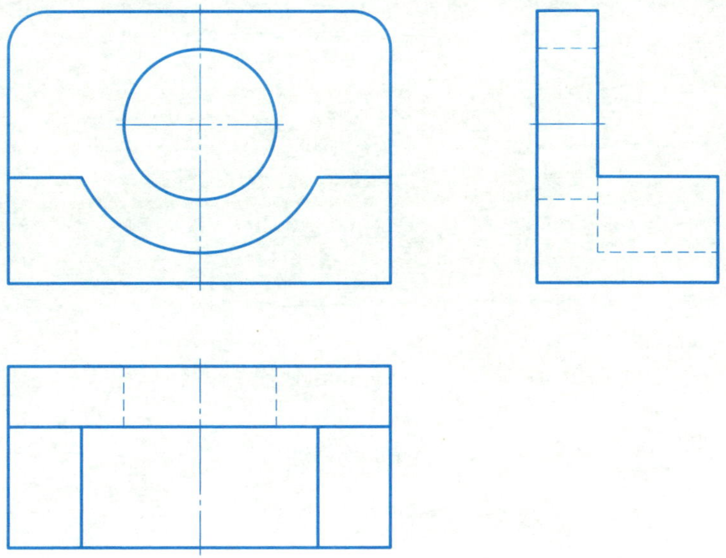

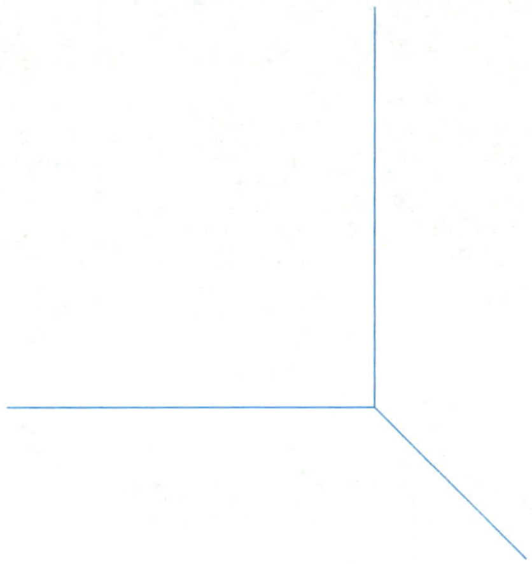

5-6 画斜二轴测图。

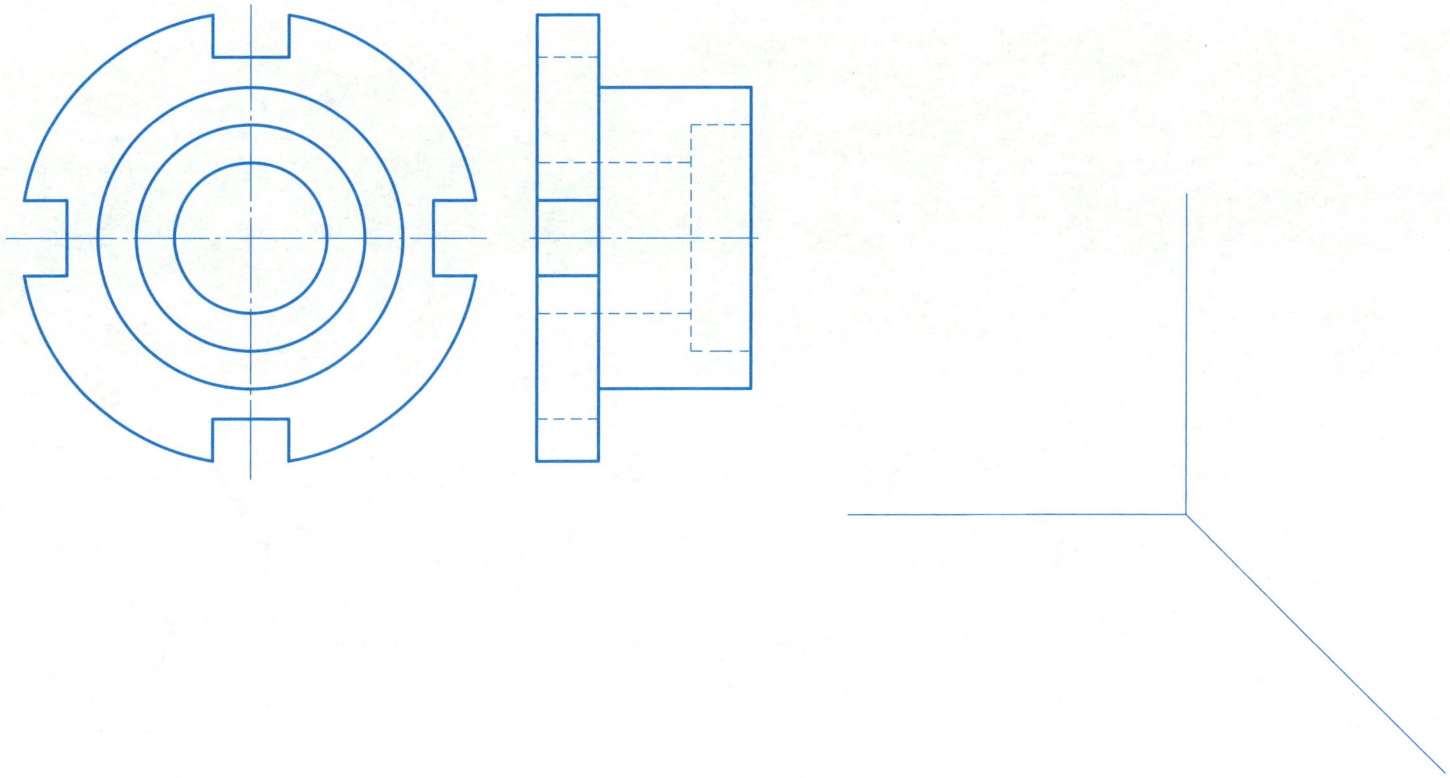

5-7 画斜二轴测图。

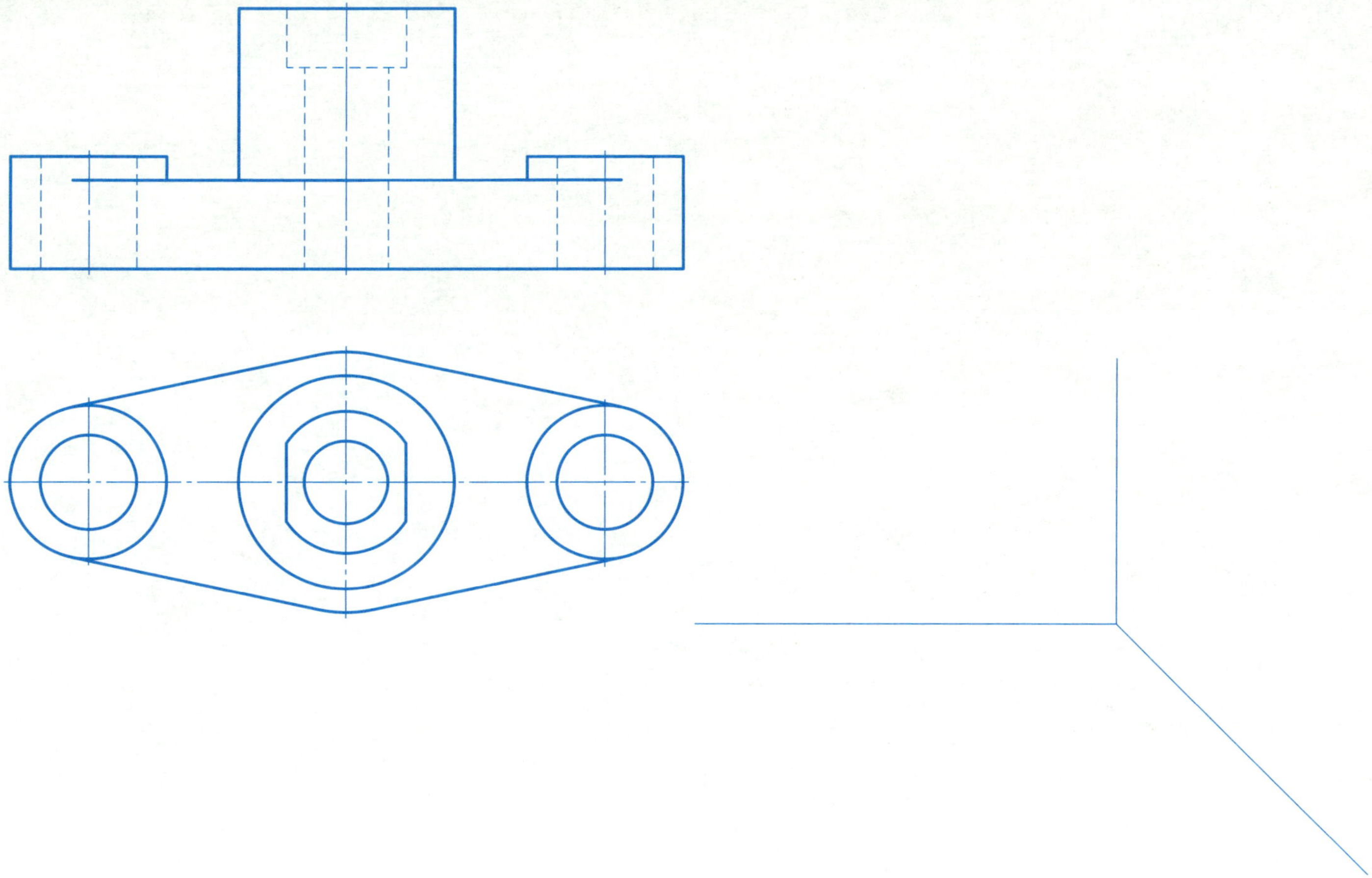

6-1 已知一立体的主视图和俯视图，补画左视图、右视图、仰视图和后视图，并按基本视图配置。

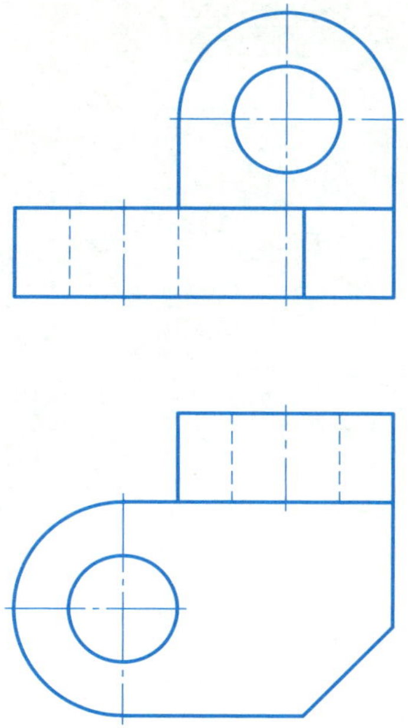

6-2 按照箭头所指的方向，在指定位置画出相应的向视图。

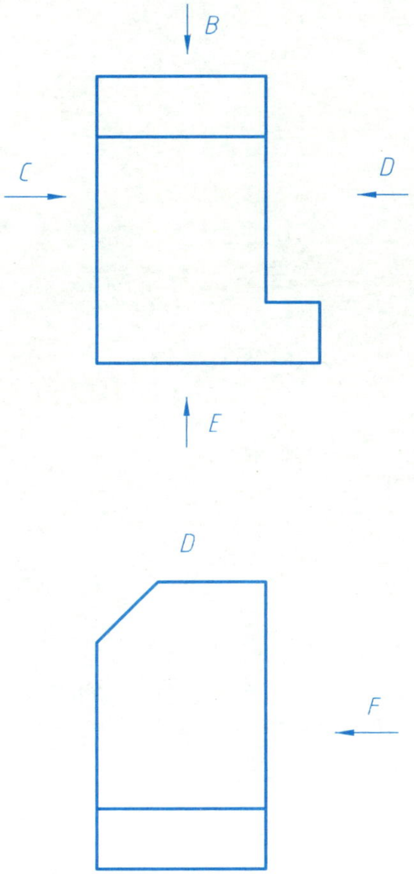

C　　　　F

B　　　　E

6-3 如轴测图所示物体，已知其主视图，用局部视图和斜视图将未表达清楚的部分表达清楚（尺寸由轴测图中按1：1量取，并取整数）。

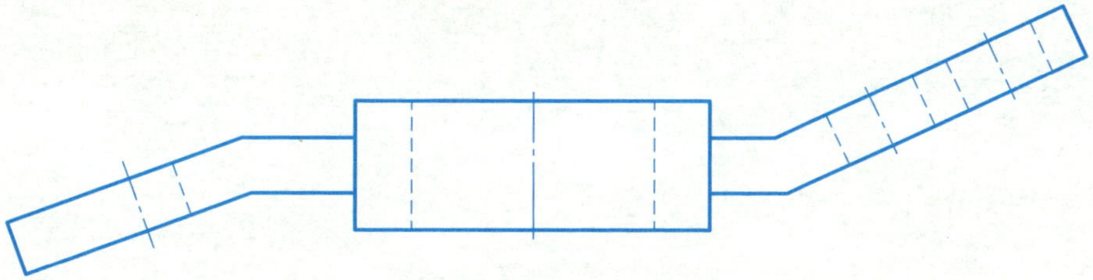

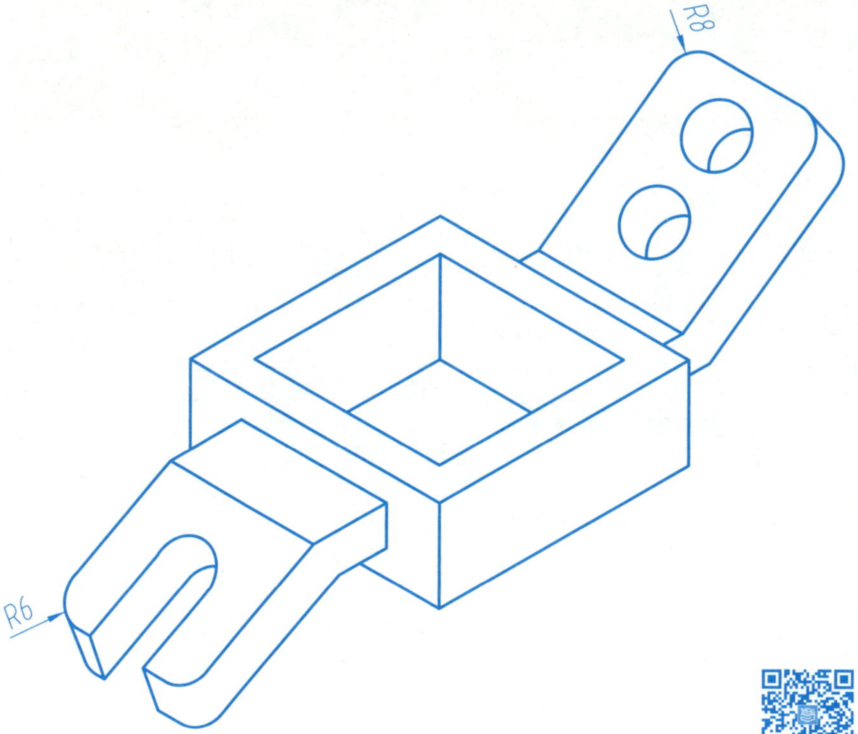

6-4 补全主视图中的漏线。

①

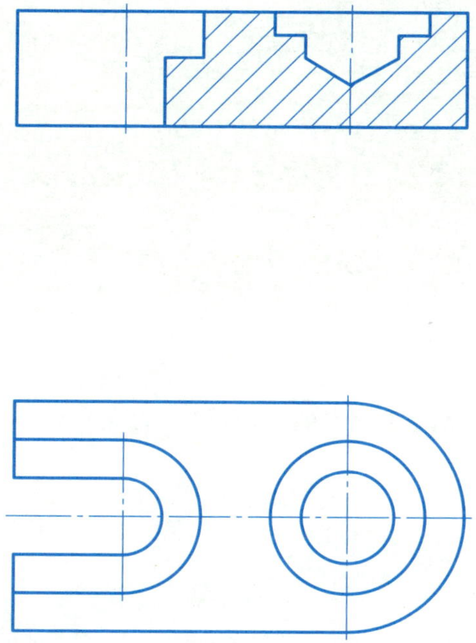

②

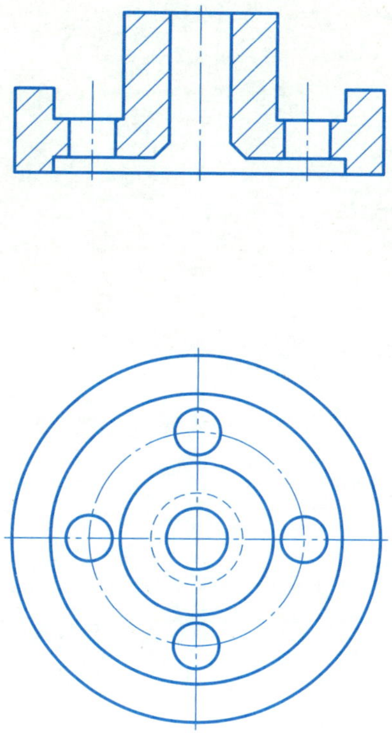

6-5 补全主视图中的漏线。

①

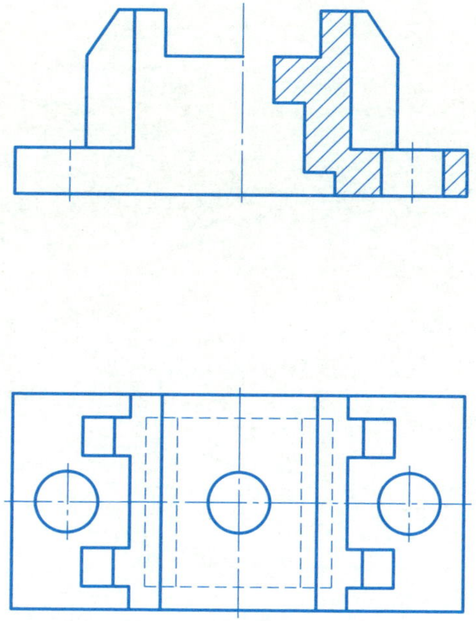

②

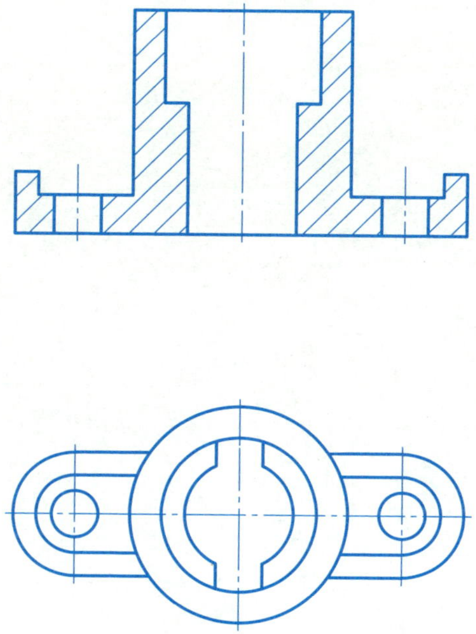

6-6 按下列题目要求将物体表达清楚。

① 在左视图上取全剖视。

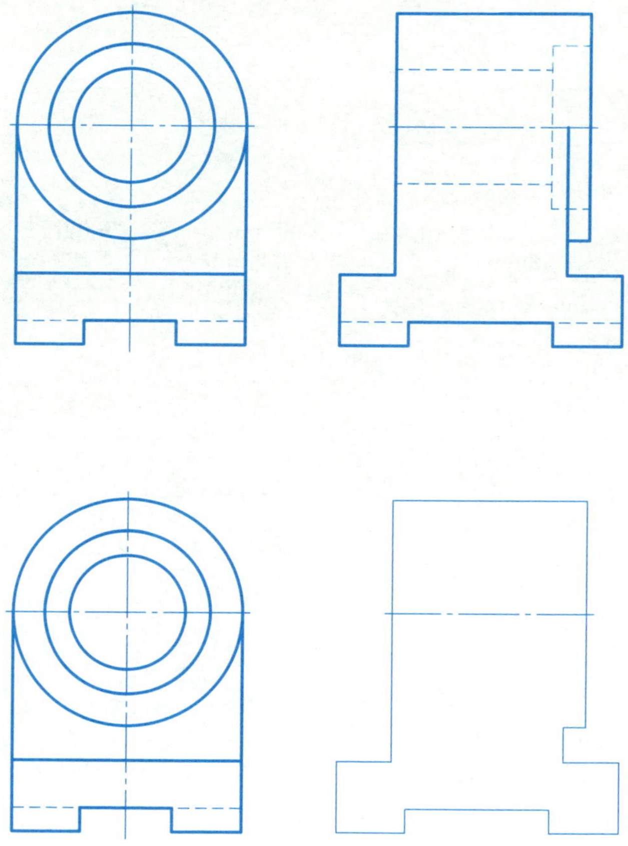

② 将两视图均取全剖视，并按规定加标注。

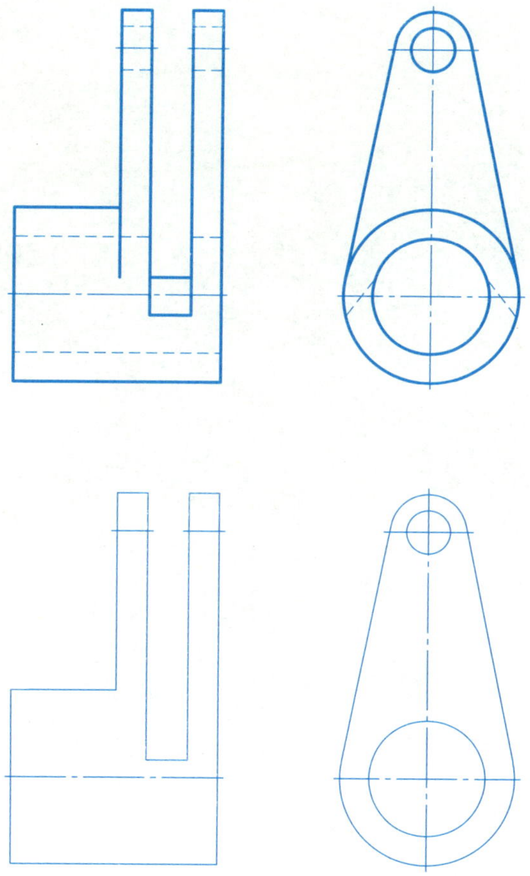

6-7 将物体的主视图取全剖视，补画左视图并取半剖视。

①

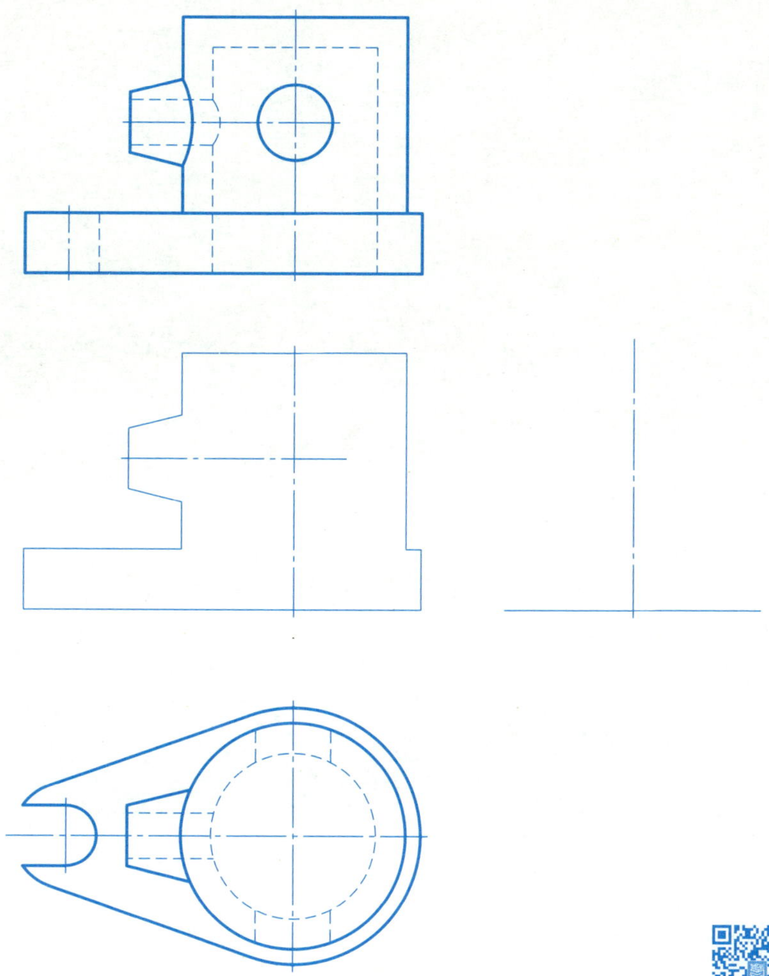

②

6-8 将物体的主视图取半剖视，补画左视图并取全剖视。

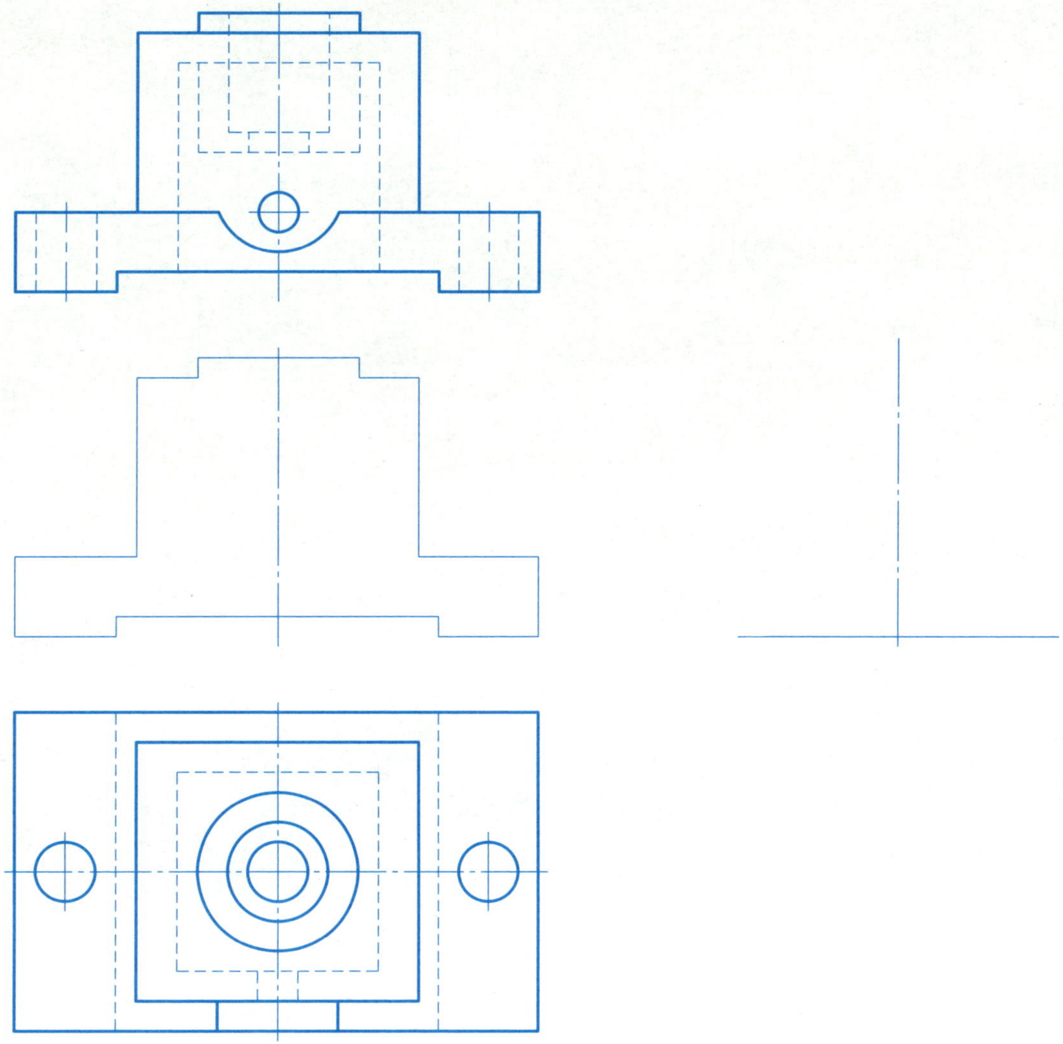

6-9　将物体的主视图取半剖视，补画左视图并取全剖视。

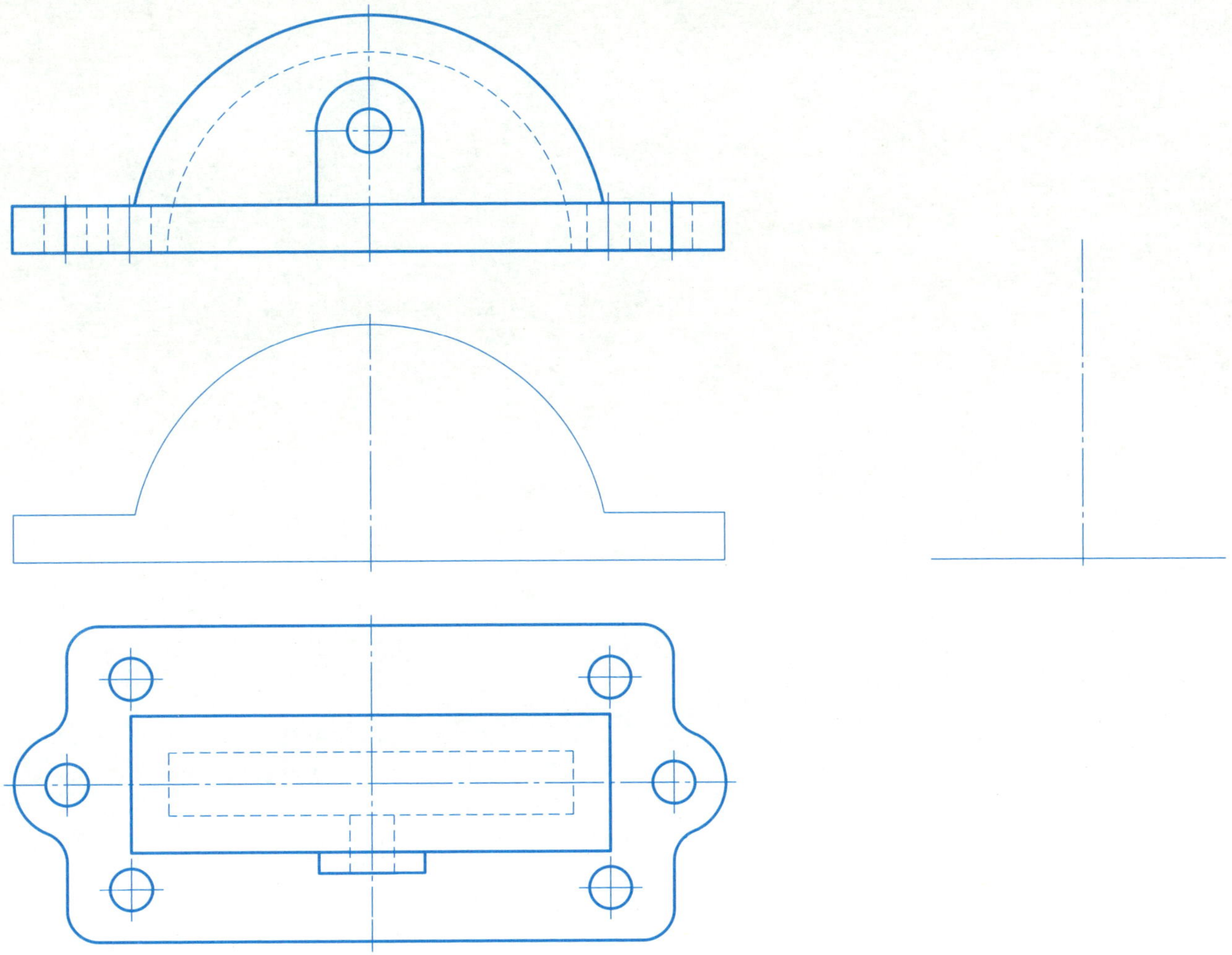

6-10 取局部剖视，将下列物体的内、外结构形状表达清楚。

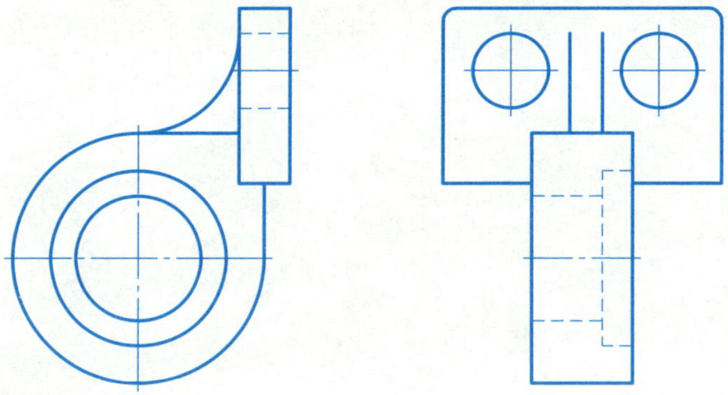

②

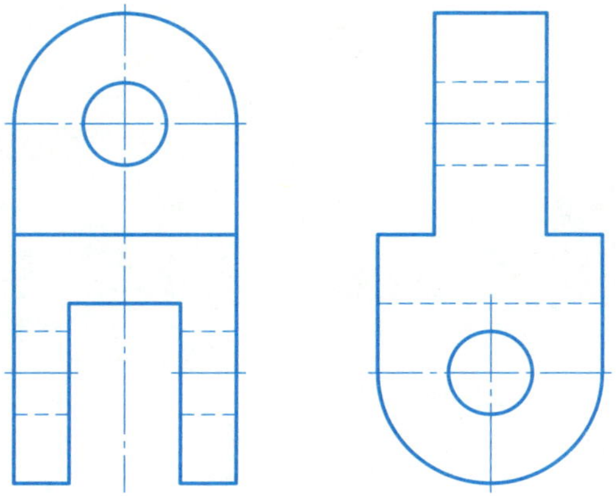

①

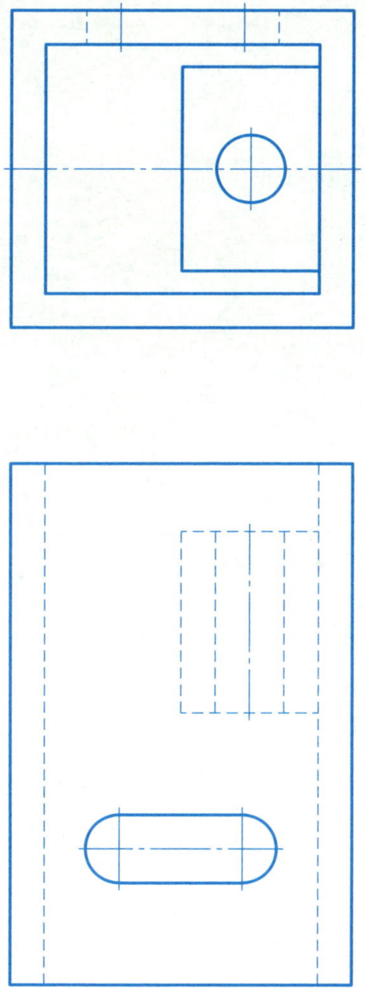

③

6-11 取适当剖视，将下列物体的内、外结构形状表达清楚。

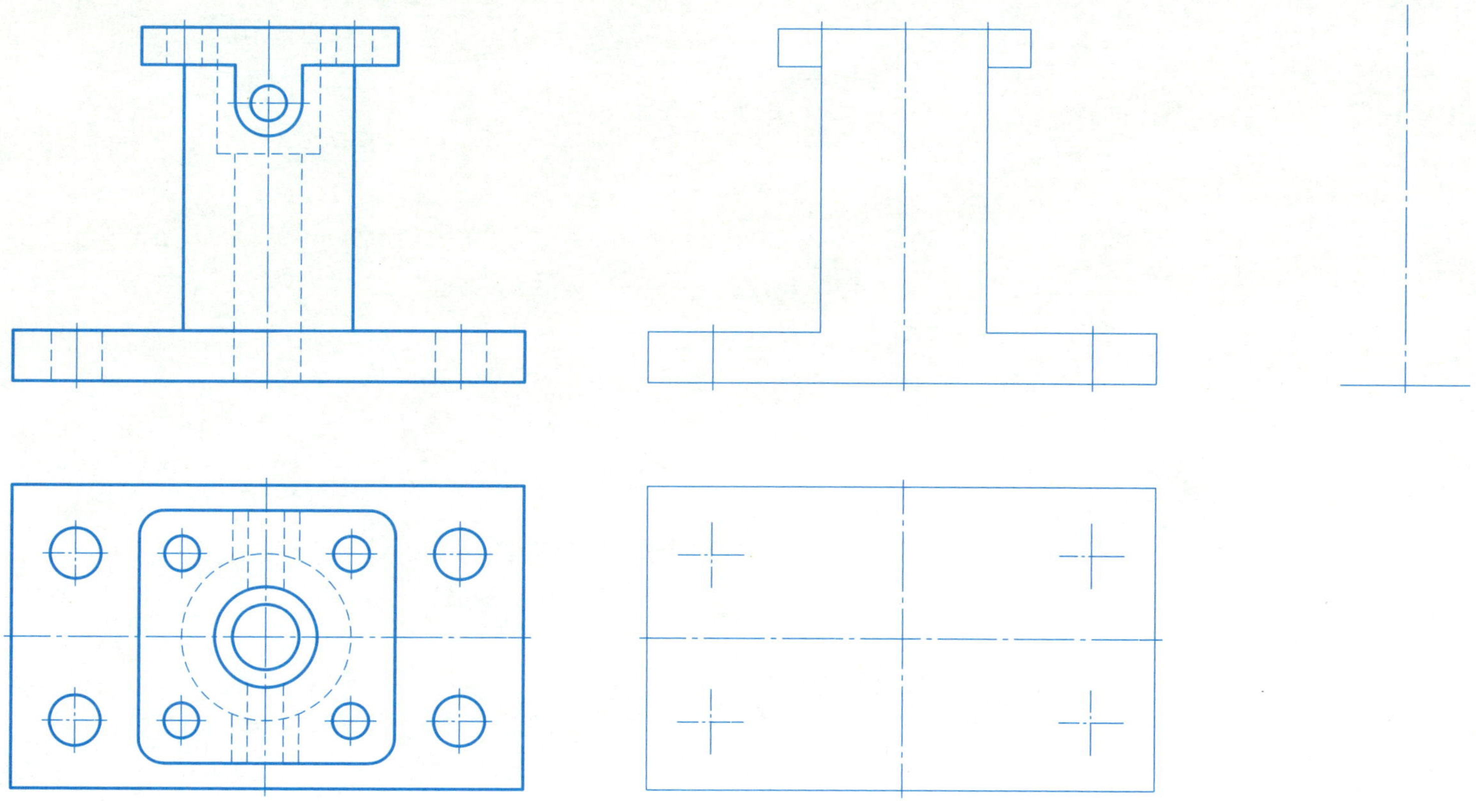

6-12 主视图用两相交的剖切面剖切的方法画全剖视图，并加标注。

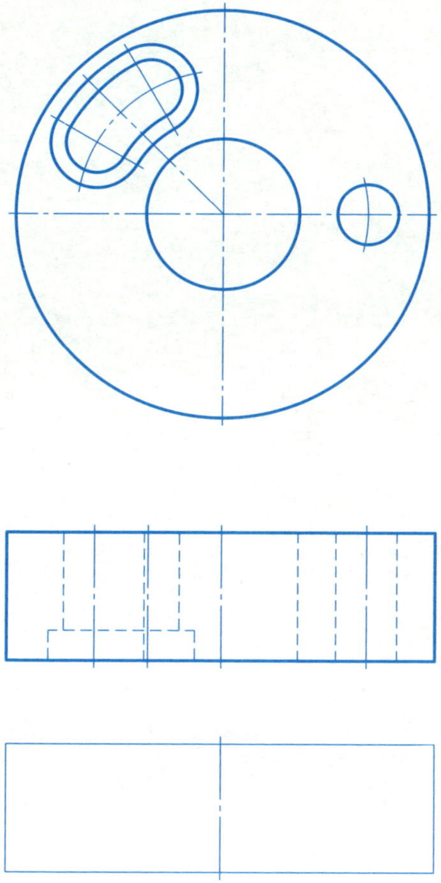

6-13 主视图用两相交的剖切面剖切的方法画全剖视图，俯视图作局部剖视图（多余线画"×"），并加标注。

6-14 主视图用几个平行的剖切平面剖切，画全剖视图，并加标注。

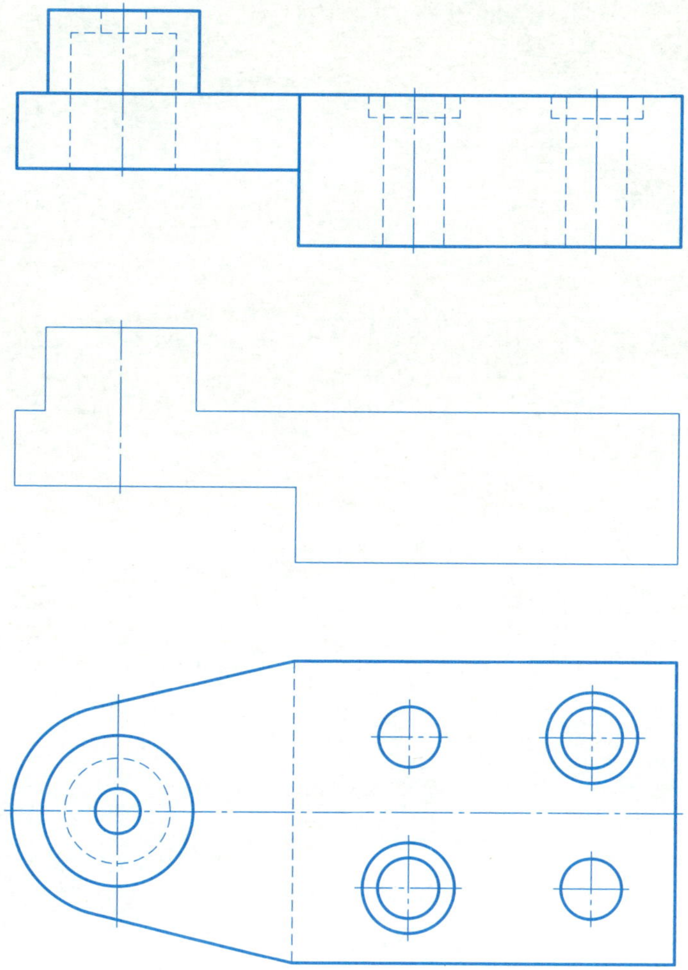

6-15 主视图用几个平行的剖切平面剖切，画全剖视图，俯视图作局部剖视图，并加标注。

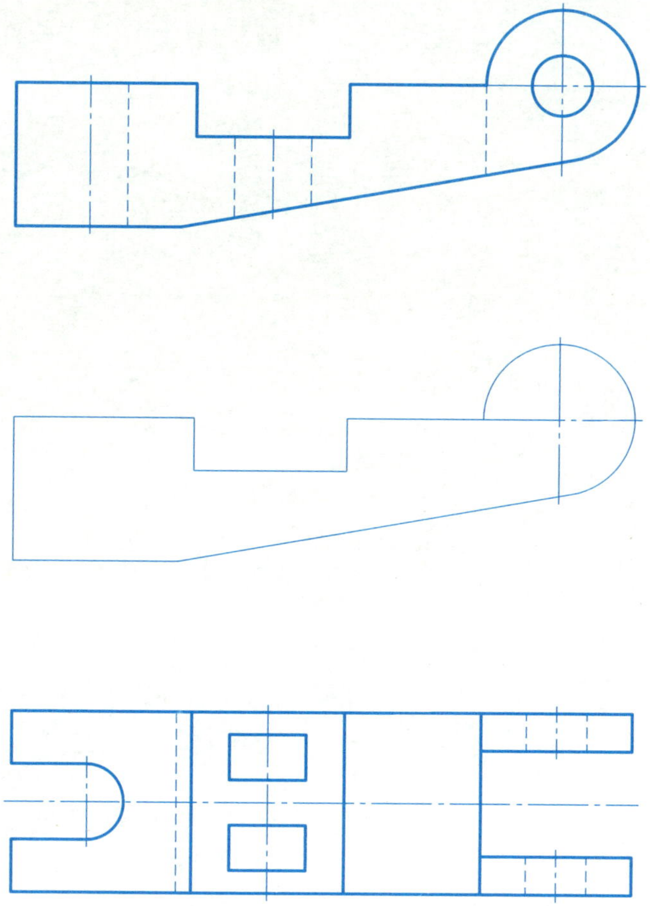

6-16 用几个相交的剖切面剖切，将主视图改画成全剖视图，并加标注。

①

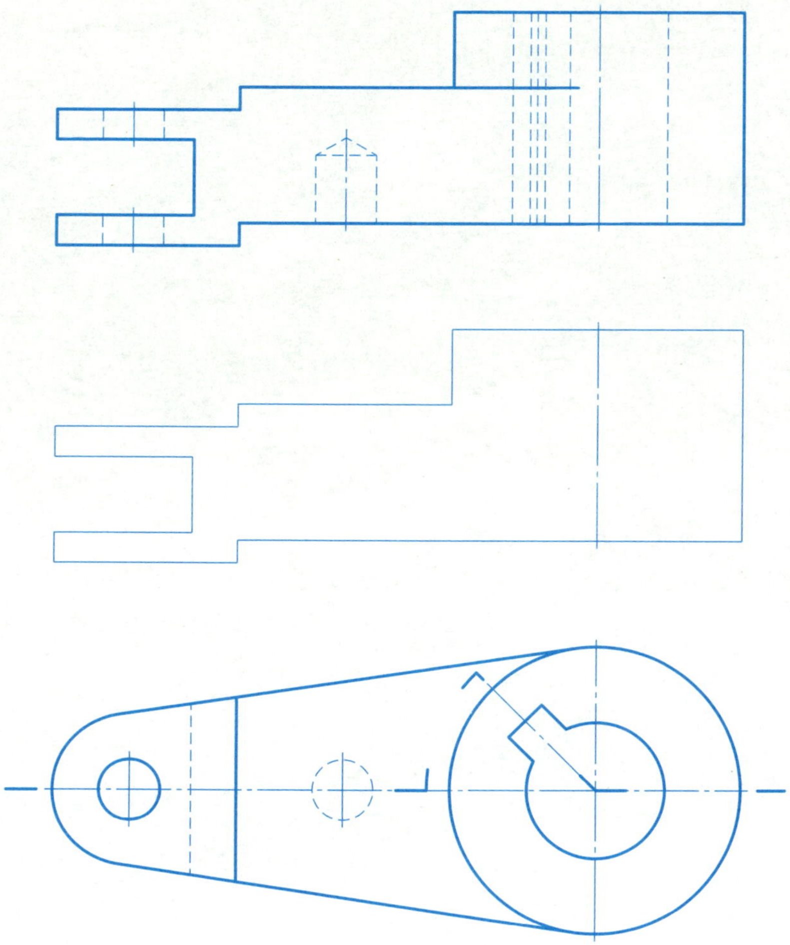

②

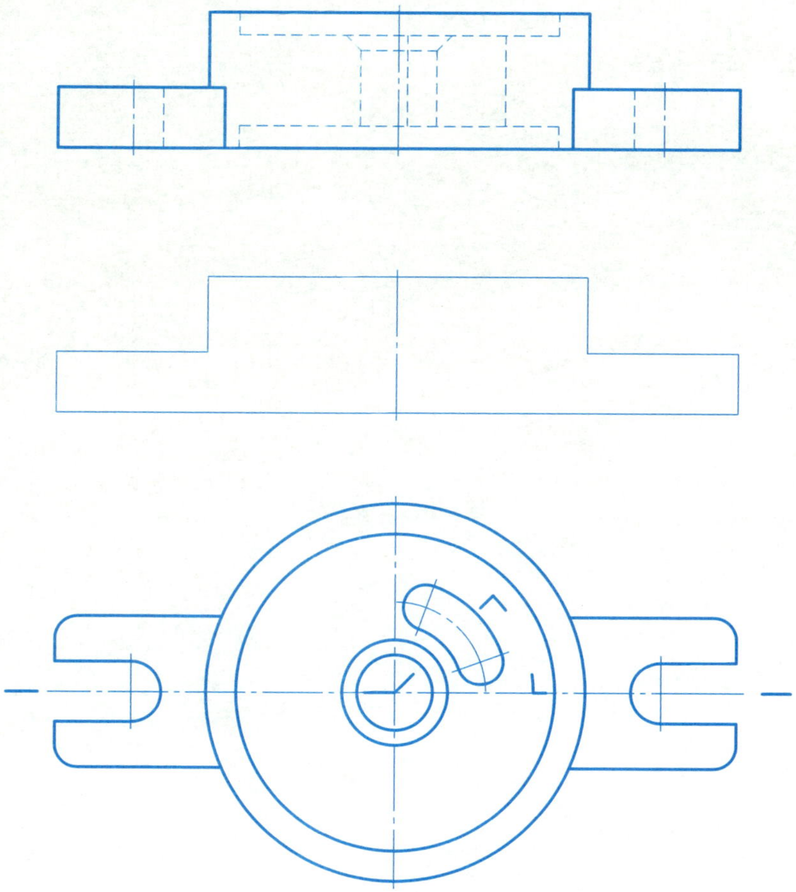

6-17 在俯视图的剖切位置上，画重合断面图。

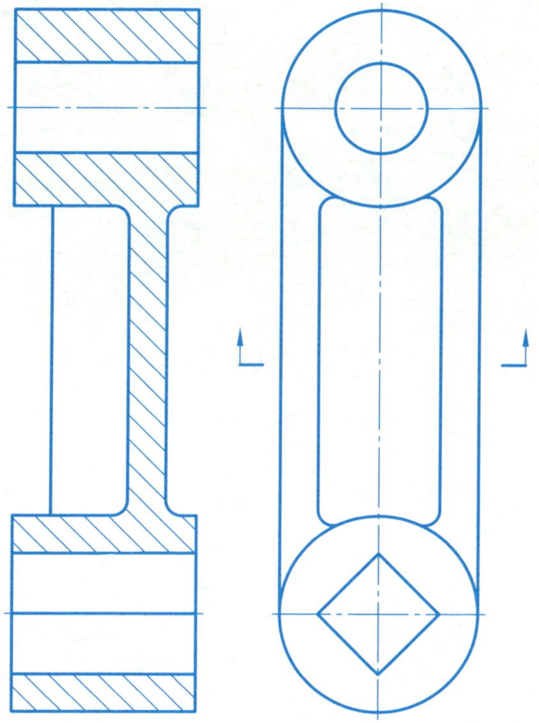

6-18 在轴的小孔及键槽处，画移出断面图。

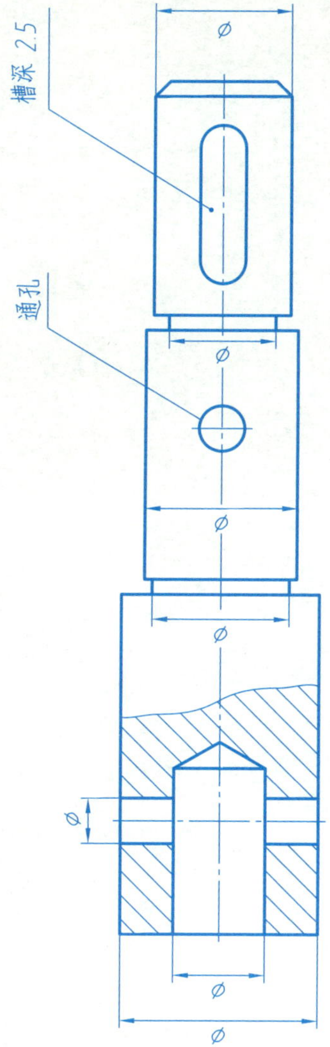

6-19 在物体俯视图剖切符号处，画移出断面图。

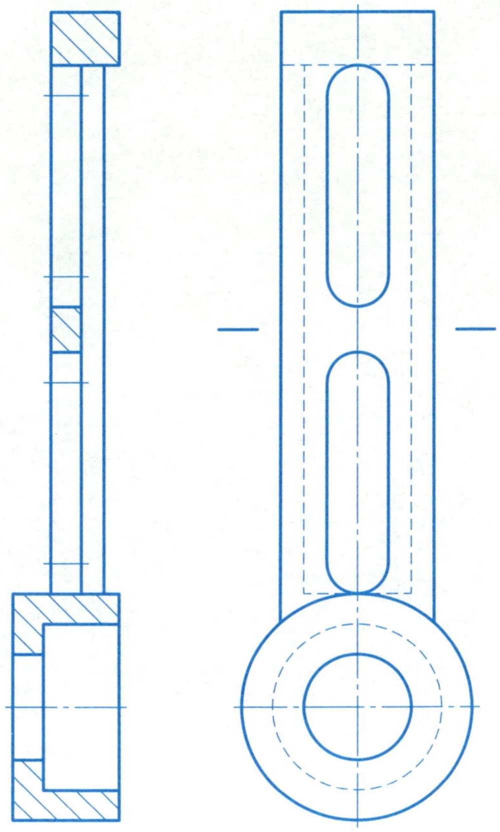

6-20 画移出断面图。

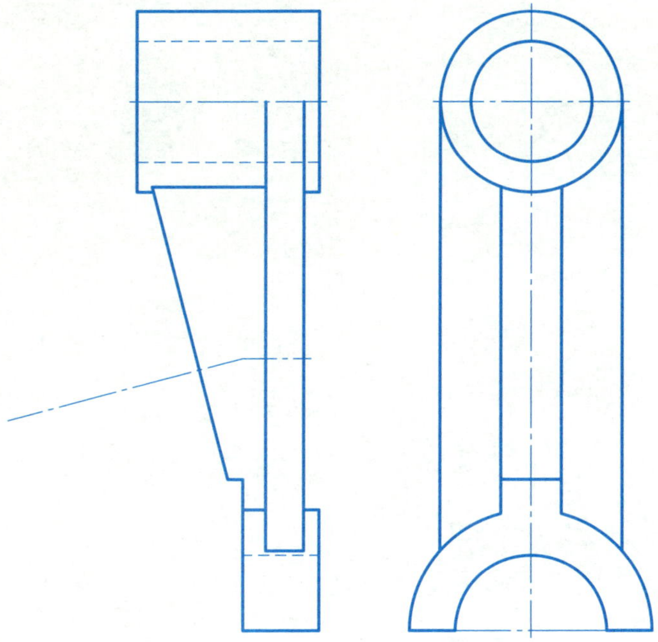

6-21 在右边相应位置画出正确的全剖视图。

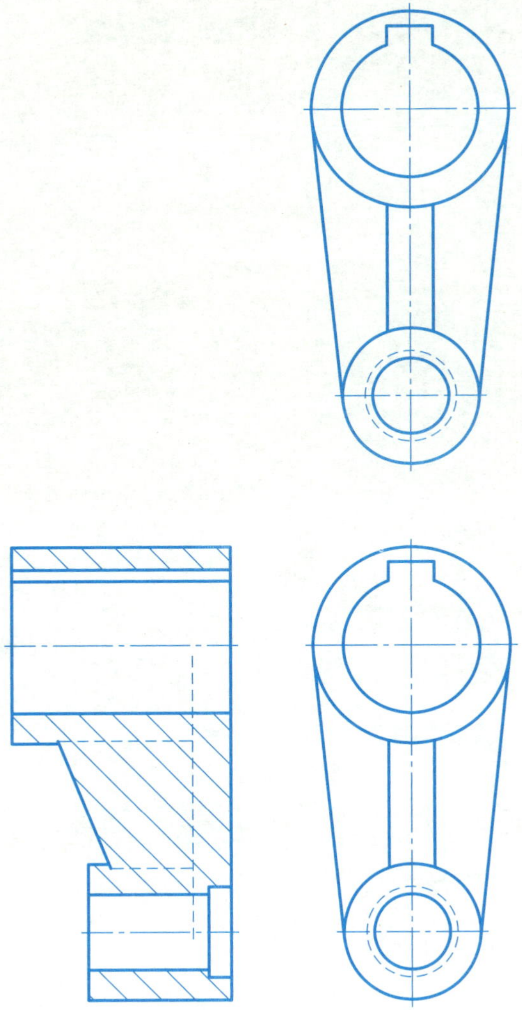

①

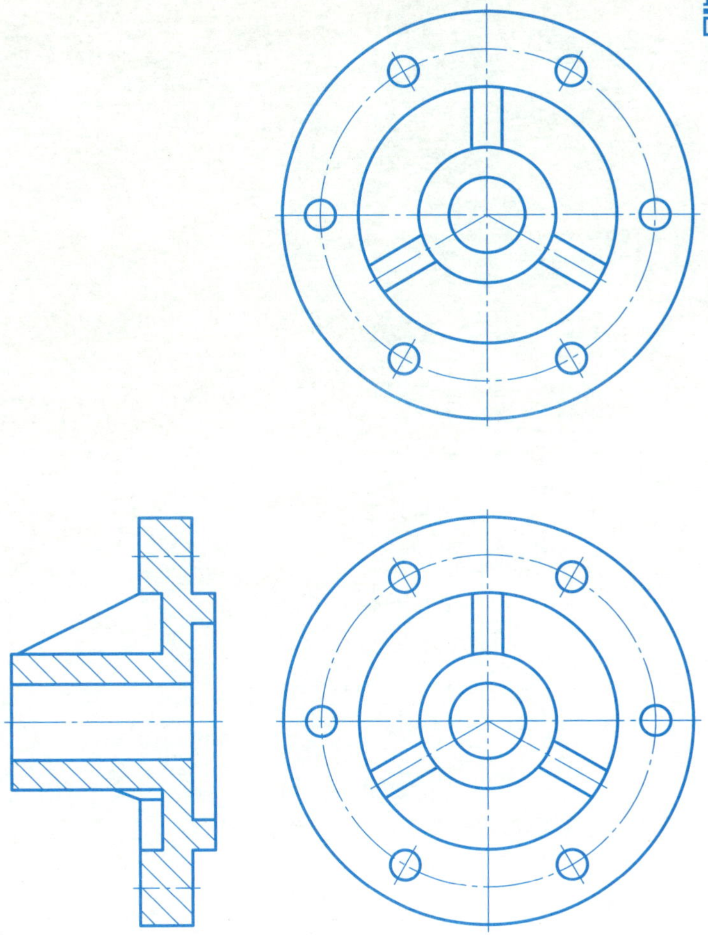

②

6-22 读懂各图，并对各图形作相应的标注。

①

②

6-23 补画左视图，在各视图上取适当的表达方法，将物体表达清楚。用A3图幅按2:1的比例画图（图名：剖视图）。

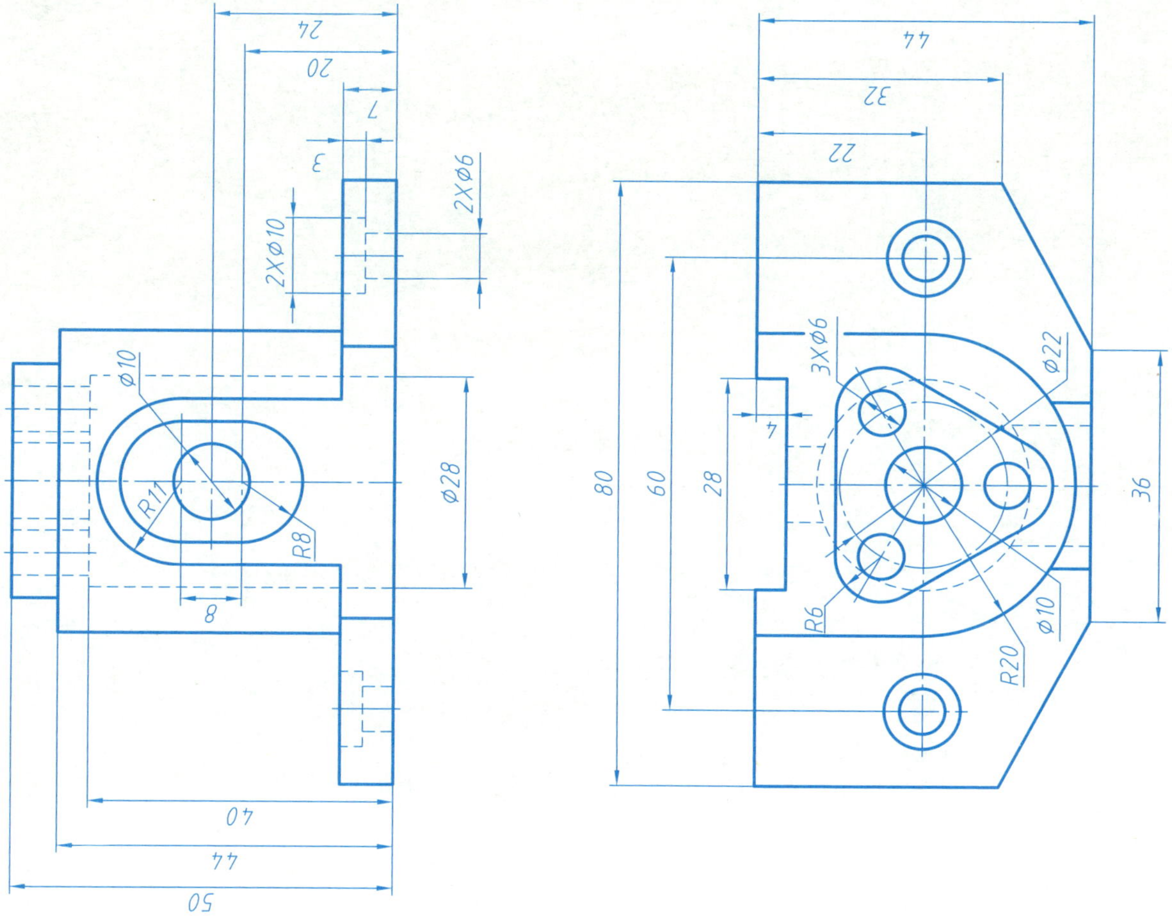

6-24 是非题（对者画“√”，错者画“×”）。

① 斜视图一般不标注。（ ）

② 剖切面和剖视图的名称用相同字母表示。（ ）

③ 物体取剖视后，若物体不可见部分的结构已表达清楚，则该部分在图形上的细虚线可以不画。（ ）

④ 重合断面的轮廓线用粗实线绘制。（ ）

⑤ 在半剖视图中，视图和剖视图的分界线是粗实线。（ ）

⑥ 在局部剖视图中，视图与剖视图的分界线一般是波浪线。（ ）

6-25 填空题。

① 基本视图在同一张图纸内，如按规定位置配置，则 ________（需要，不需要）标注视图名称。

② 采用旋转剖画剖视图时，若剖切后产生不完整要素，则应将此部分按 ________（剖视，不剖）绘制。

③ 绘制断面图时，若剖切面通过回转面形成的孔或凹坑的轴线，则按 ________（剖视，不剖）绘制。

④ 当剖切面通过物体的肋或薄壁等结构的厚度对称平面（纵向剖切）时，这些结构 ________（画，不画）剖面符号。

7-1 分析图中错误，将正确的图形画在下方的图上。

①

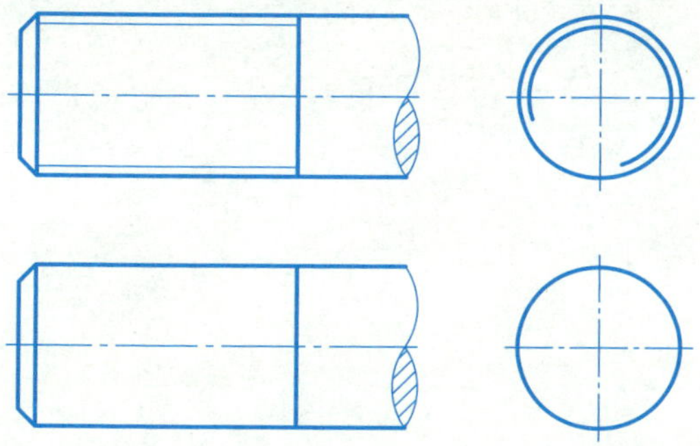

②

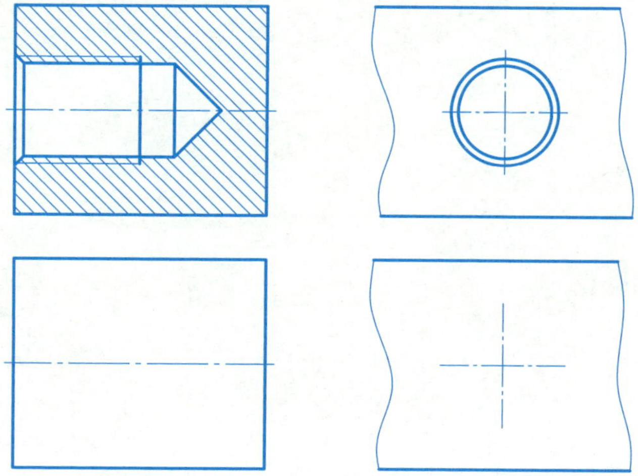

③

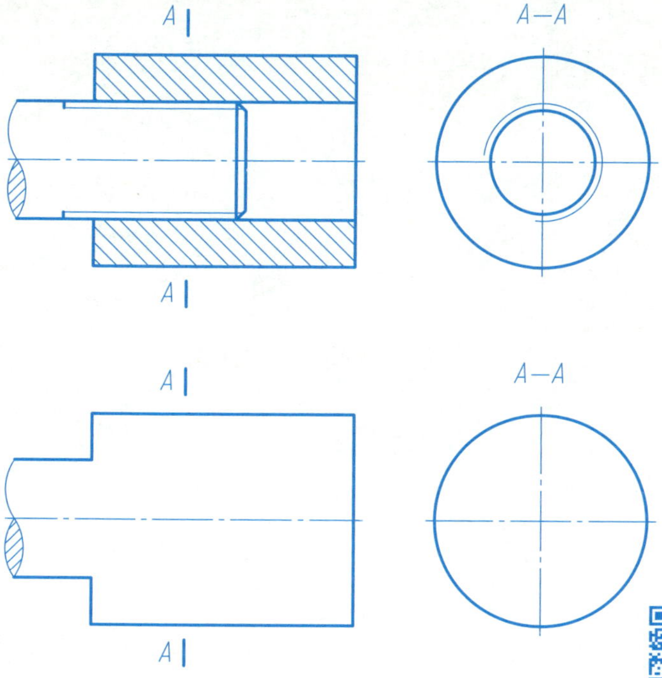

④

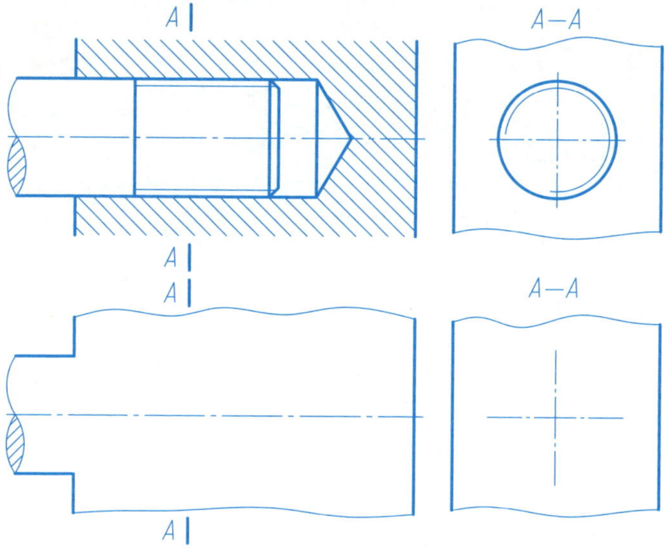

7-2 识别螺纹标记。

螺纹标记	螺纹种类	公称直径	螺距	导程	线数	旋向	中径公差带代号	顶径公差带代号	旋合长度代号	内、外螺纹
M10-6H7H										
M12X1-5H-L-LH										
M18-6g										
M20X1.5-5g6g-S										
Tr32X12P6-8H-L-LH										
B40X14(P7)-8g										

螺纹标记	螺纹种类	尺寸代号	公差等级	内、外螺纹	旋向	管子孔径	螺纹大径	螺纹小径
G1-LH								
G1/2A								
$R_1 1/2$								

7-3 标注螺纹尺寸。

① 粗牙普通螺纹，大径为16 mm，螺距为2 mm，公差带代号为5g6g，旋合长度为S。

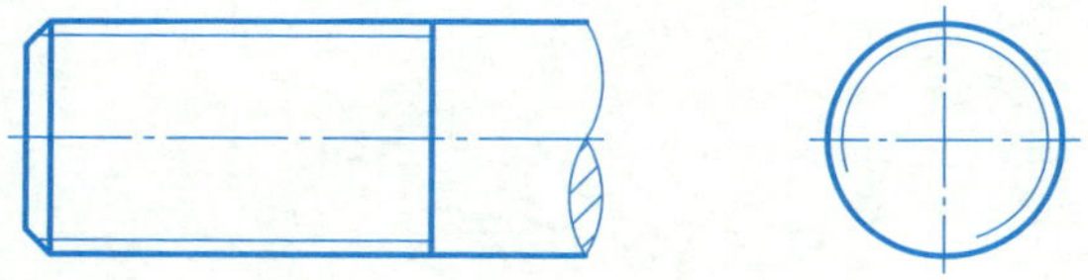

② 细牙普通螺纹，大径为12 mm，螺距为1 mm，公差带代号为7H，旋合长度为N。

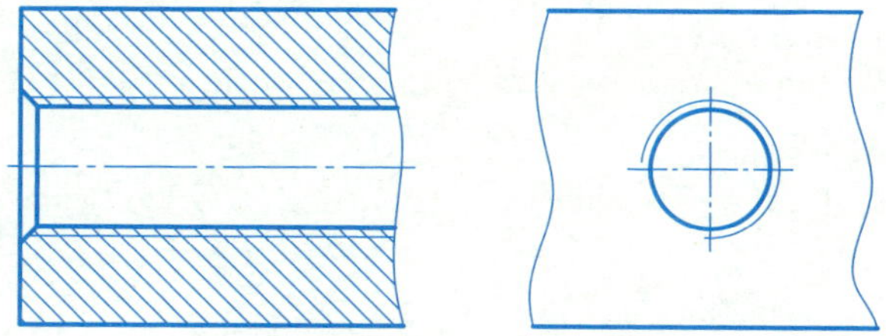

③ 梯形螺纹，公称直径为16 mm，导程为8 mm，线数为2，左旋，公差带代号为8e，旋合长度为L。

④ 55°非密封管螺纹，尺寸代号为1/2，A级（公差等级），右旋。

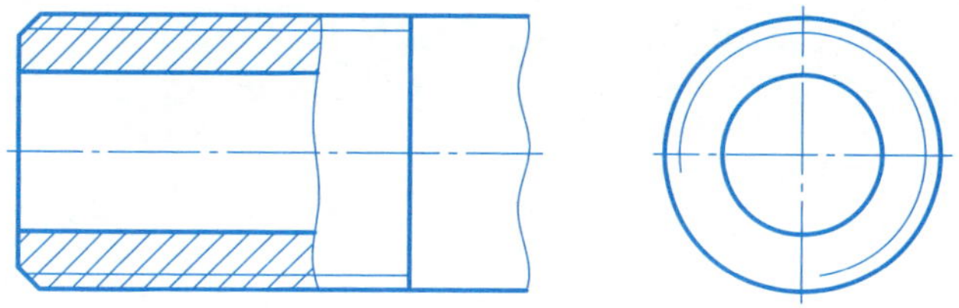

7-4 找出图中双头螺柱连接的错误（在错误处画“X”），并将正确的画在右图中。

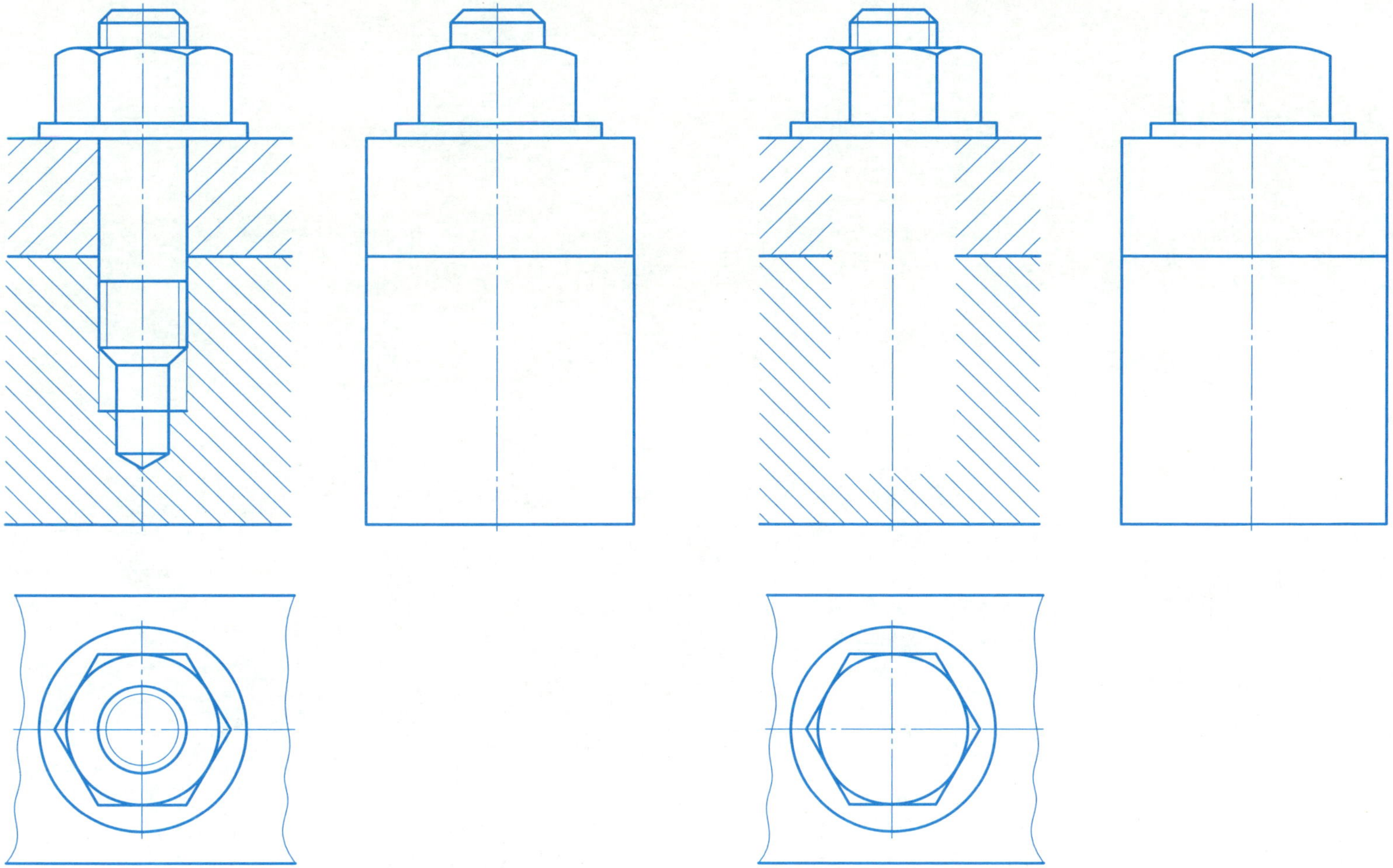

7-5 完成螺栓连接的图样。

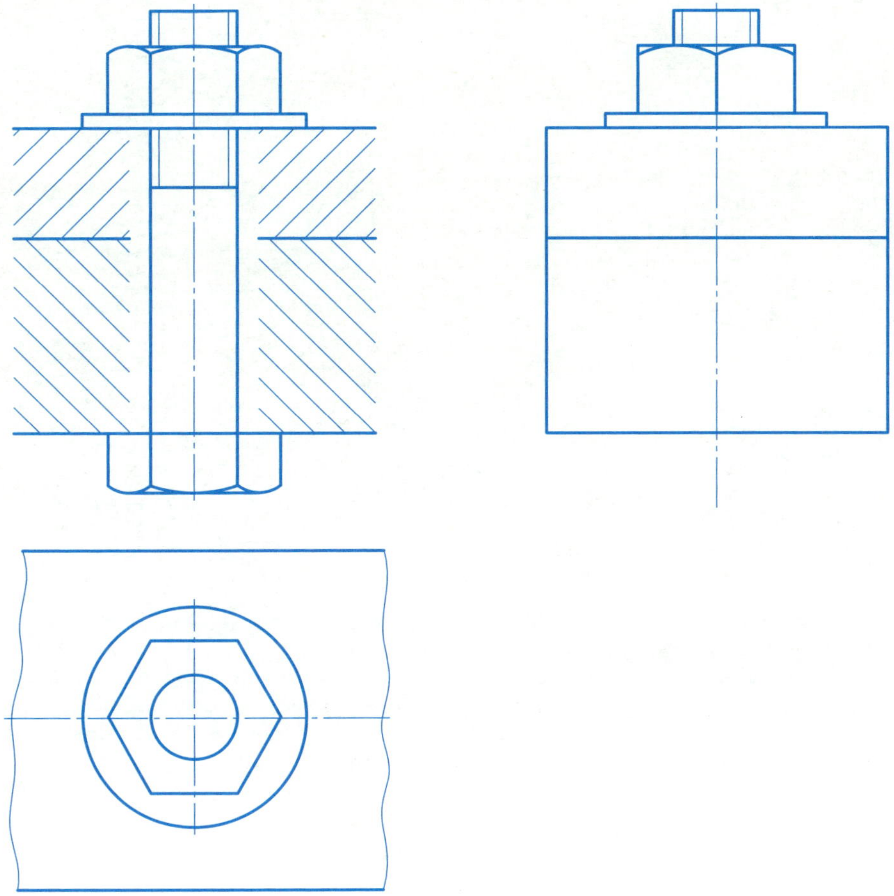

7-6 填空题。

① 内、外螺纹只有当________、________、________、________、________等五要素完全相同时，才能旋合在一起。

② ________、________、________均符合国家标准的螺纹，称为标准螺纹。

③ 五要素完全相同的内、外螺纹旋合时，外螺纹的牙顶对应内螺纹的牙________（底、顶），外螺纹的牙底对应内螺纹的牙________（底、顶）。

④ 螺距是相邻两牙（不论是否为同一条螺旋线）在________（大、中、小）径线上对应两点间的________向距离。

⑤ 导程是________条螺旋线上的相邻两牙在中径线上对应两点间的轴向距离，如线数用n表示，螺距用P表示，则导程 = ________。

⑥ 不穿通的钻孔末端锥顶角，在制图中画成________（度）。

⑦ 当不穿通的螺纹孔的钻孔深度与螺纹部分深度分别画出时，在制图中一般推荐两深度间相距________。

7-7 大型作业。

（自定）图名：螺纹紧固件连接

图幅：A3

① 画螺栓连接的三视图，比例为1 : 1。

板厚$\delta_1=\delta_2=30$ mm，板长约80 mm，板宽60 mm

螺栓GB/T 5780 M20×l（l自定）

螺母GB/T 6170 M20

垫圈GB/T 97.1 20-A140

采用比例画法

② 画螺钉连接的两视图，比例为2 : 1。

上板厚$\delta_1=10$ mm

下板厚$\delta_2=24$ mm

板长约40 mm，板宽30 mm，材料均为铸铁

螺钉GB/T 67 M10×l（l自定）

采用比例画法

其他要求：

1）在图上标注螺纹紧固件的公称直径、有效长度、螺纹长度；

2）在图下方写出螺纹紧固件标记（题中有下画线的文字）。

7-8 判断题。

① 试判断哪个图的尺寸标注正确（画“√”）。

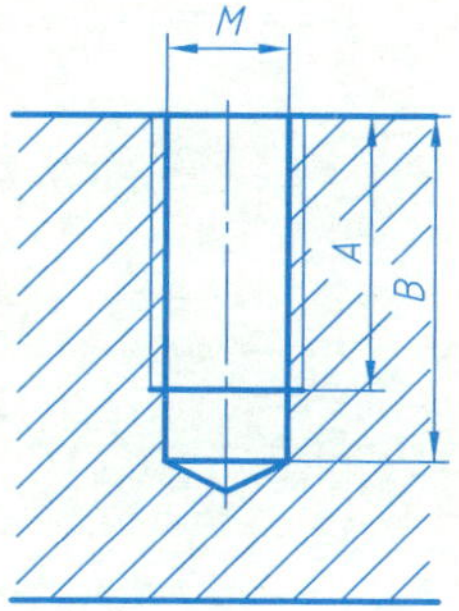

(a) ________

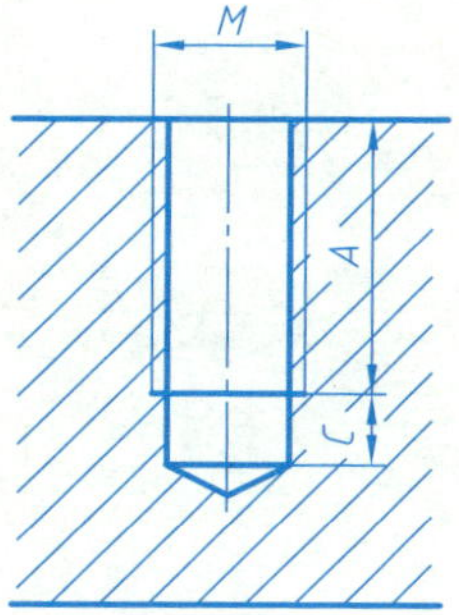

(b) ________

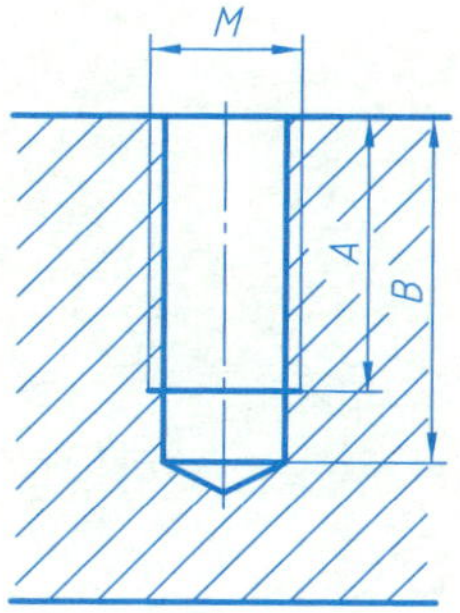

(c) ________

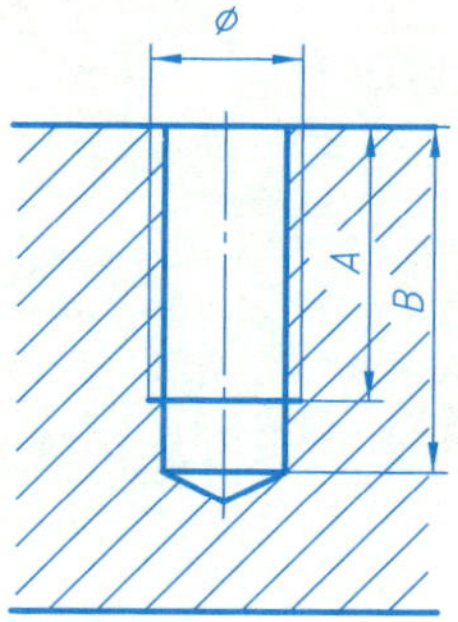

(d) ________

② 试判断各图的正误（正确的画“√”，错误的画“X”）。

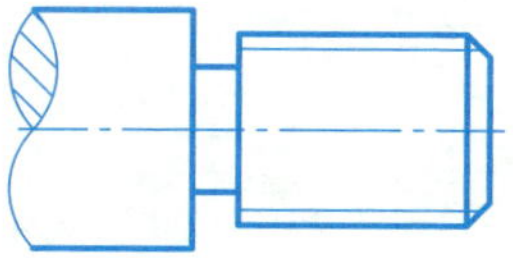

(a) ________

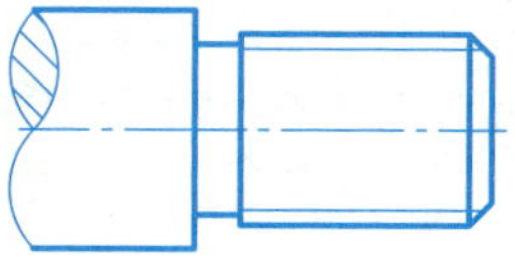

(b) ________

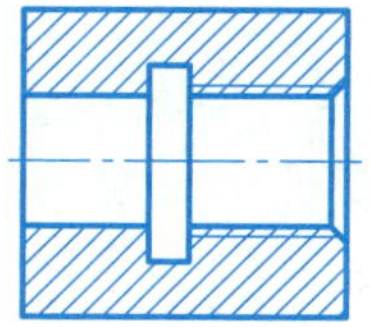

(c) ________

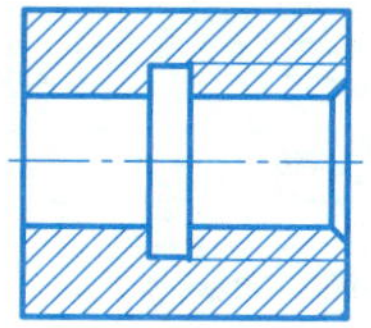

(d) ________

7-9 已知轴的直径为30 mm，键长为35 mm，用A型普通平键，键槽按一般键连接制造。查表确定轴键槽尺寸，完成下图，并标注键槽尺寸。

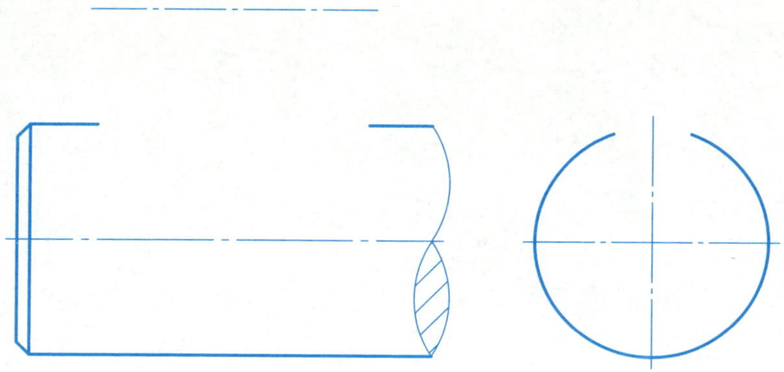

7-10 已知轮孔的直径为30 mm，用A型普通平键，全通键槽。查表确定轮键槽尺寸，完成轮键槽图，并标注键槽尺寸。

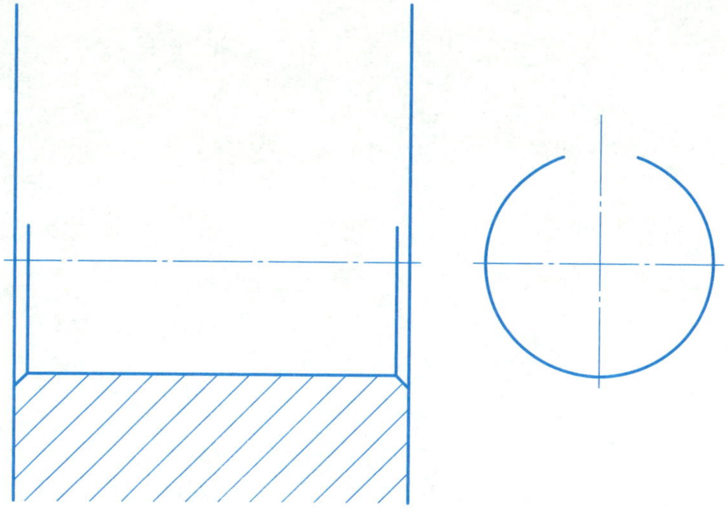

7-11 已知小齿轮的齿数$z_1=15$，模数 $m=3$ mm，两齿轮中心距 $a=67.5$ mm，试计算大、小齿轮的主要尺寸，填写在右边，并完成两直齿圆柱齿轮的啮合图（比例为1:1）。

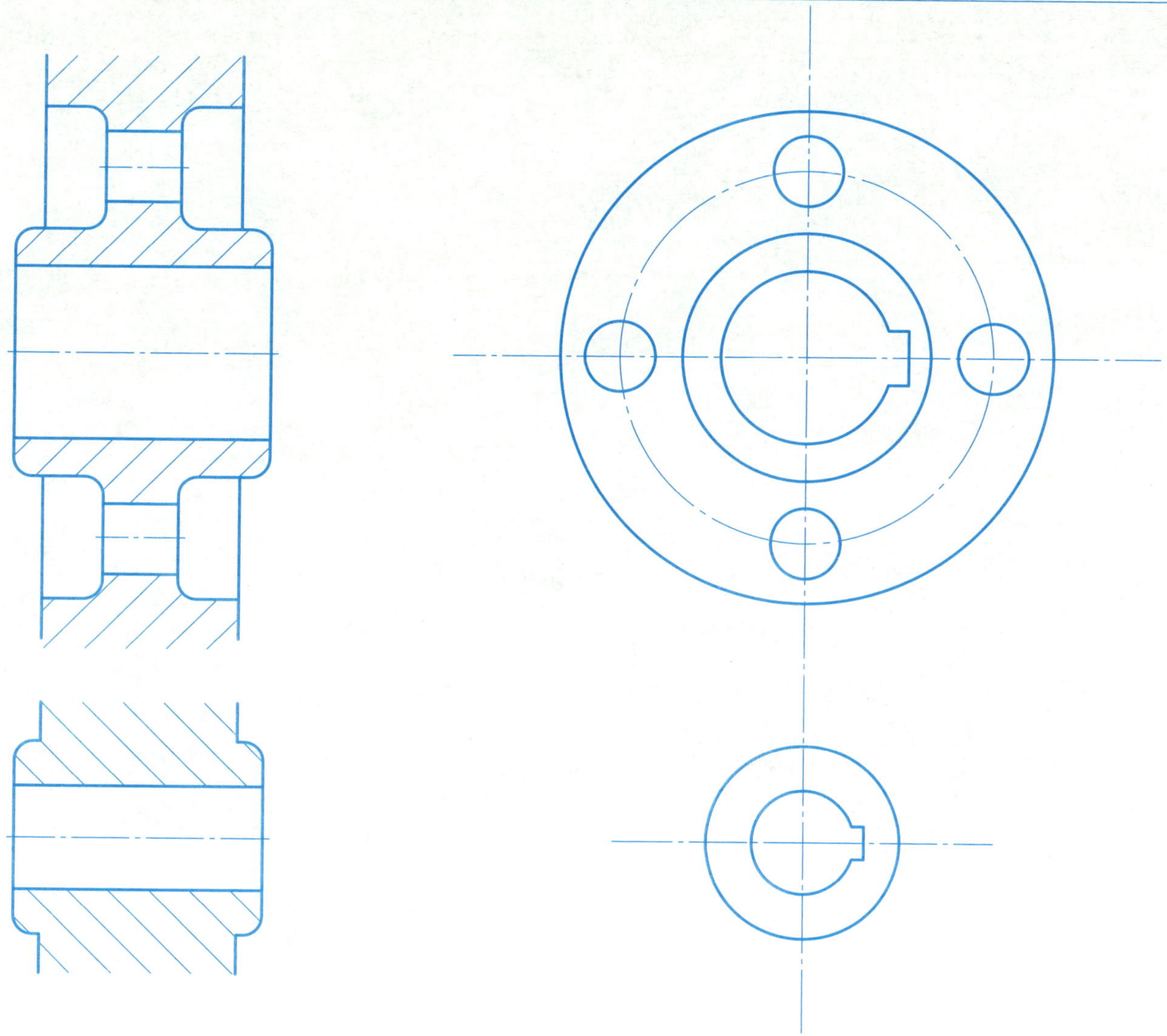

m = 3 mm
z_1 = 15
z_2 =
a = 67.5 mm
d_1 =
d_{a1} =
d_{f1} =
d_2 =
d_{a2} =
d_{f2} =

7-12 选择判断（在绘制正确的图形标号处画"√"）。

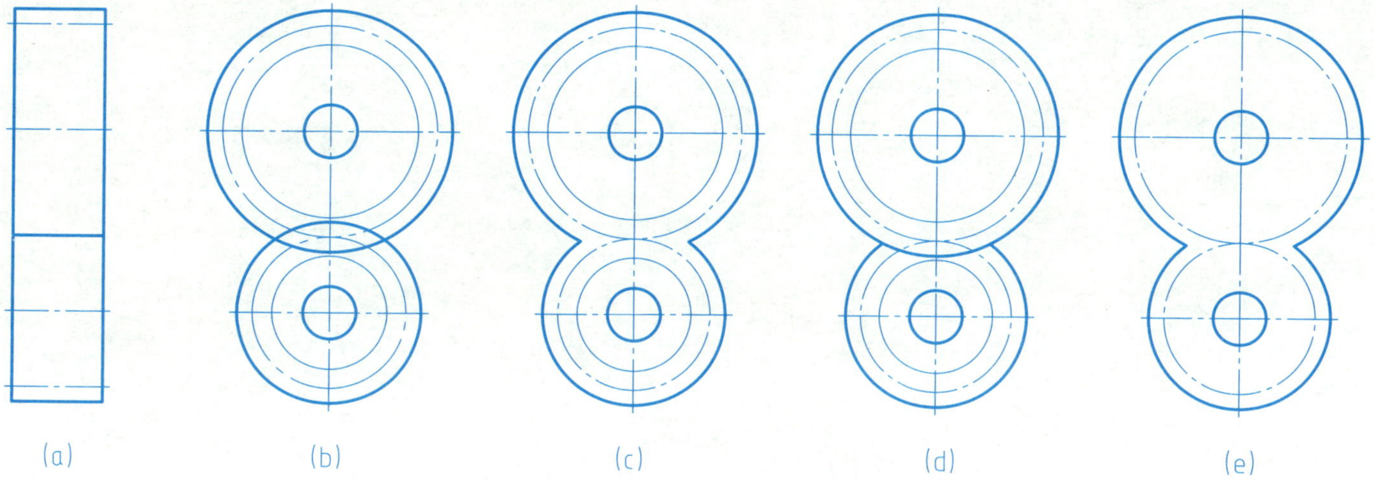

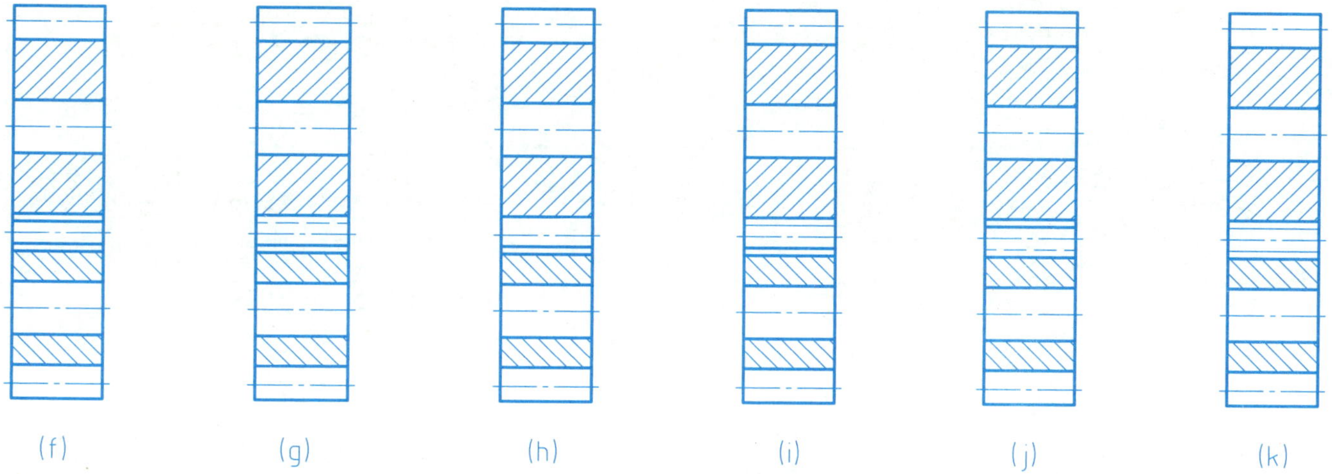

7-13 填空题。

① 在视图中，齿轮轮齿部分的齿顶圆和齿顶线用 ________ 线绘制；分度圆和分度线用 ________ 线绘制；齿根圆和齿根线用 ________ 线绘制，也可省略不画。在剖视图中，齿根线用 ________ 线绘制。

② 表示轮孔有键槽的齿轮一般用 ________ 个视图，或者用一个视图和一个表示 ________ 的 ________ 视图表示。

③ 在剖视图中，当剖切面不通过啮合齿轮的轴线时，齿轮一律按 ________（剖、不剖）绘制。

④ 在齿轮零件图中，齿顶圆、分度圆、齿根圆三个圆的直径尺寸，只要注出 ________ 圆、________ 圆的直径，________ 圆的直径不需要注出。

7-14 选择填空。

① 螺旋弹簧不论是左旋或右旋，均可画成 ________（左、右）旋，但左旋弹簧不论画成左旋或右旋，一律要注出旋向 ________ 字。

② 在装配图中，被弹簧挡住的结构一般 ________（画，不画）出，可见部分应从弹簧的 ________ 线或从弹簧钢丝 ________ 画起。

③ 滚动轴承是 ________（常用件，标准件，非标准件），通常 ________（需要，不需要）画零件图；齿轮是 ________（常用件，标准件，非标准件），通常 ________（需要，不需要）画零件图。

7-15 已知圆柱螺旋弹簧外径$D=42$ mm，钢丝直径$d=6$ mm，节距$t=12$ mm，总圈数$n_1=7.5$，有效圈数$n=5$，自由高度$H_0=72$ mm，右旋。试用 1∶1 的比例画出全剖视图，并标注尺寸。

8-1 判断题（正确的画“√”，错误的画“X”）。

①零件图中必须画出所有的铸造圆角，其尺寸相同且数量最多的一种可统一注写在技术要求中。(　　)

②主要尺寸仅指重要的定位尺寸。(　　)

③主要尺寸应直接标注，非主要尺寸可按工艺或形体标注。(　　)

④两零件间的相关尺寸，其基准和标注方法应当一致。(　　)

⑤标注零件图尺寸的要求是正确、完整、清晰以及合理。(　　)

⑥必须分析清楚零件在装配体中的功能及装配关系后，才能合理地标注尺寸。(　　)

⑦标注尺寸时不必考虑是铸造面还是切削加工面。(　　)

8-2 指出下列结构尺寸标注的正误（正确的画“√”，错误的画“X”）。

①
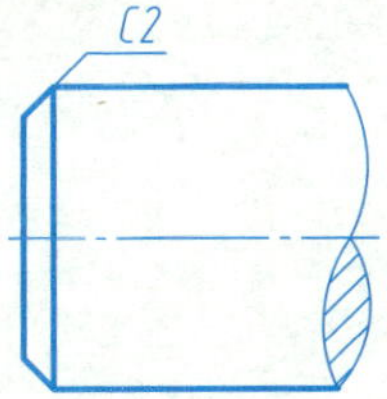

②
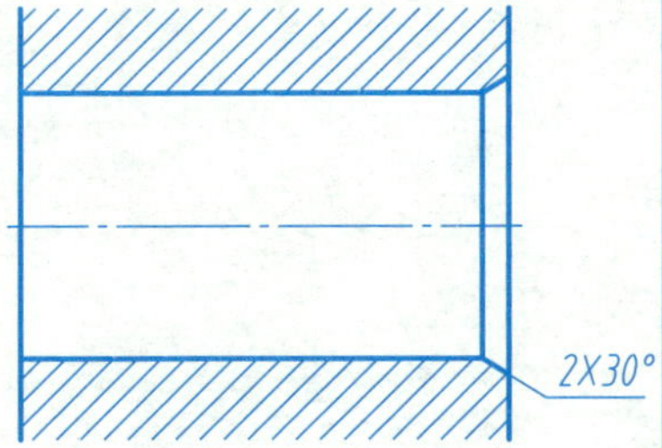

③
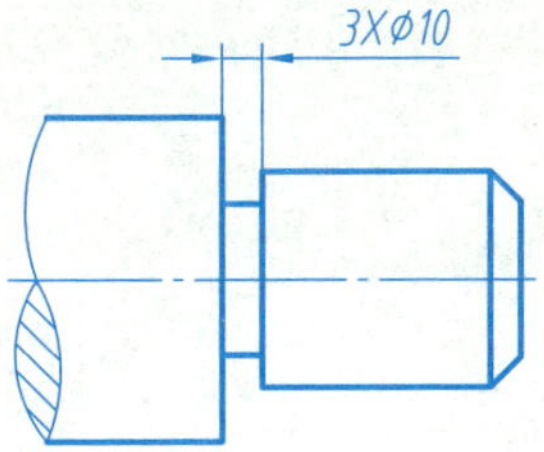

④
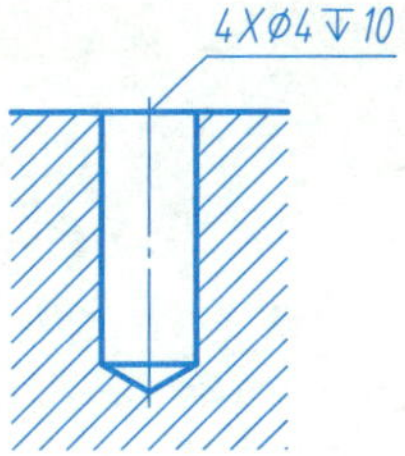

⑤
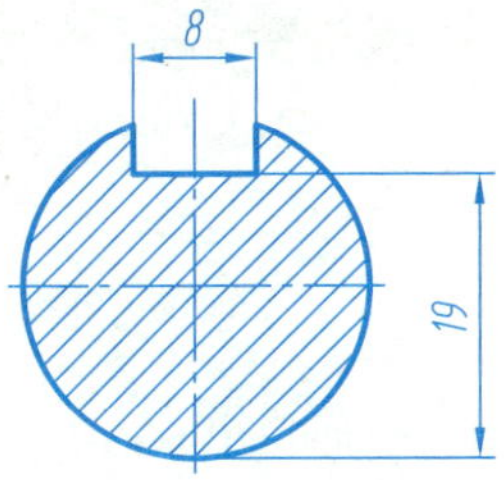

⑥
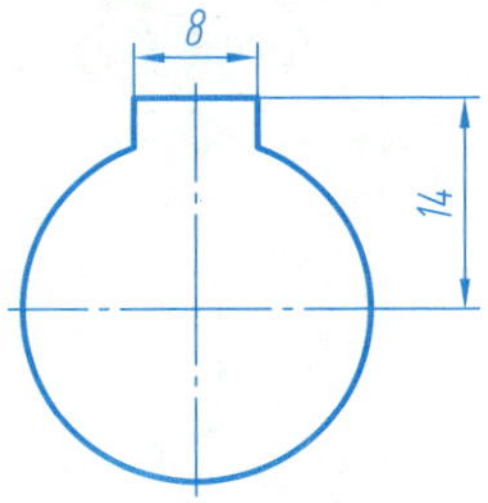

⑦
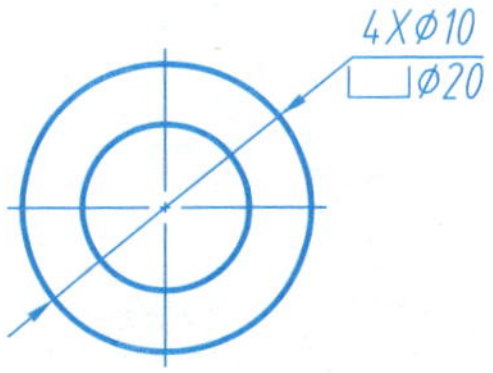

⑧
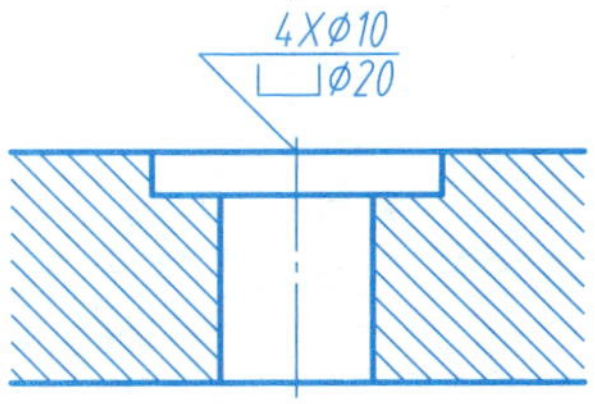

8-3 读零件图，并画出左视图的外形。

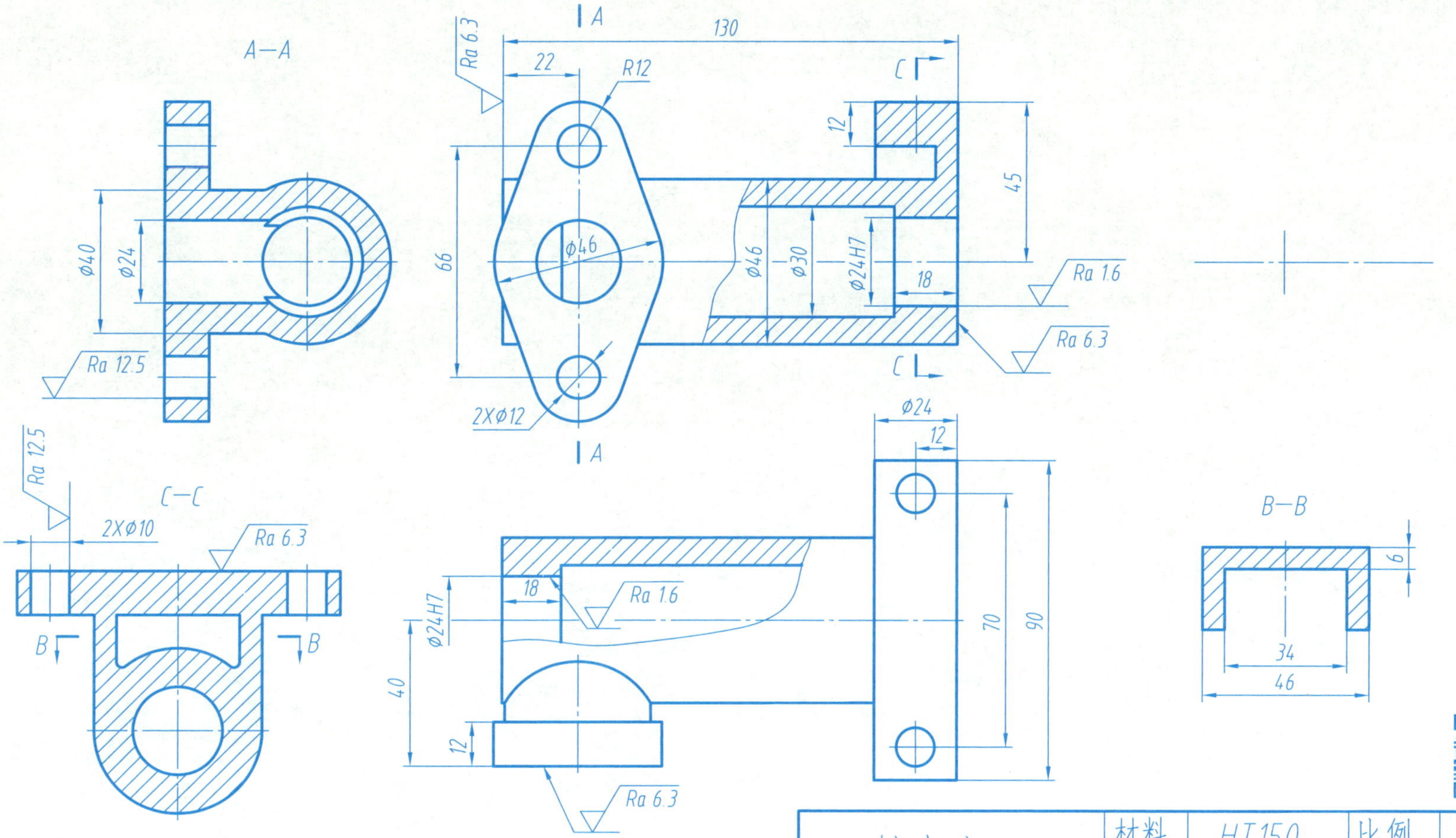

未注圆角R1。 $\sqrt{}$ ($\sqrt{}$)

轴支座	材料	HT150	比例	1:2
	数量	1	共 张第 张	
制图				
审核				

8-4　判断各图中标注的表面结构哪个正确（在正确处画"√"）。

①

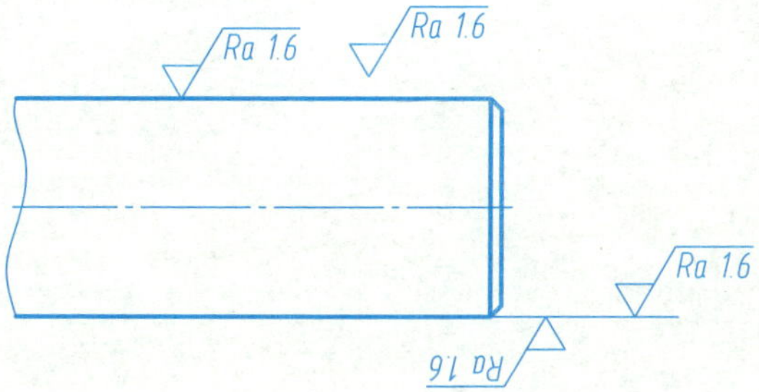

②

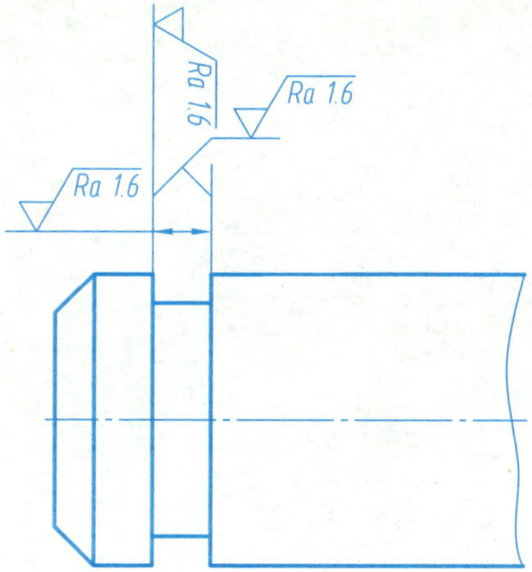

③

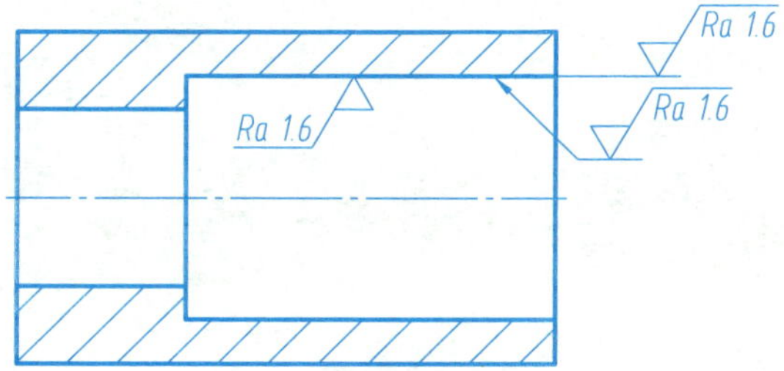

④

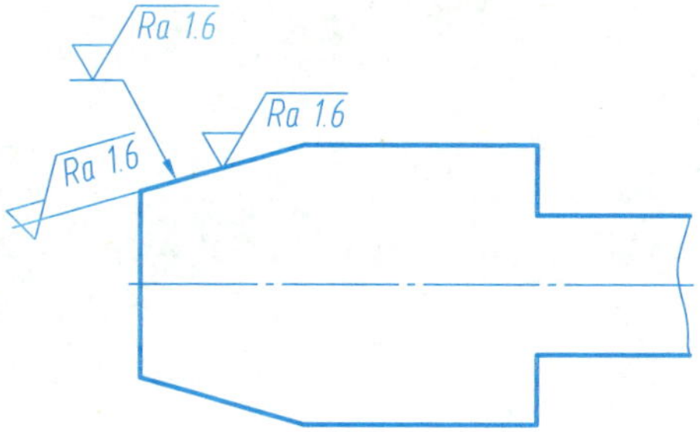

8-5　找出图 a 中表面结构注法的错误，并将正确注法标注在图 b 上。

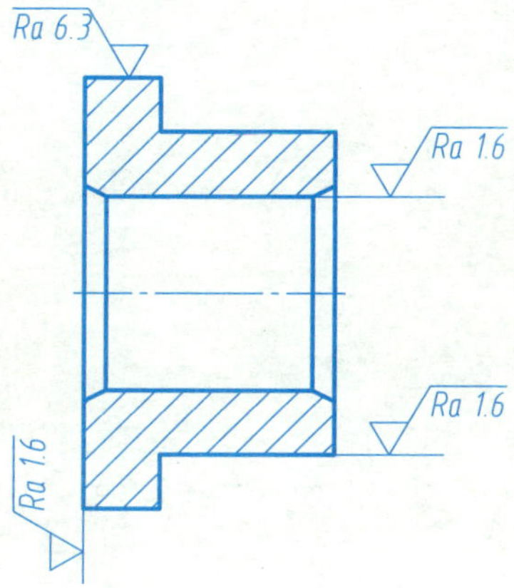

(a)

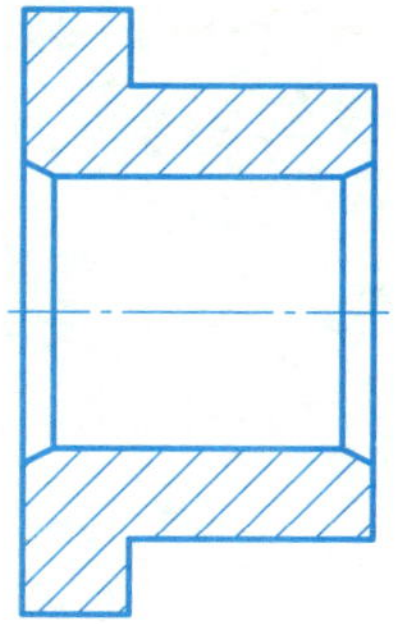

(b)

8-6　填空并在图上标注。

Ø5H7/n6中，Ø5是 ________ 尺寸，H7是 ________ 公差带代号，n6是 ________ 公差带代号，________ 配合。轴与齿轮孔的公称尺寸是Ø20，孔的公差带代号为K7，轴的公差带代号为n6，分别标注到各图上。

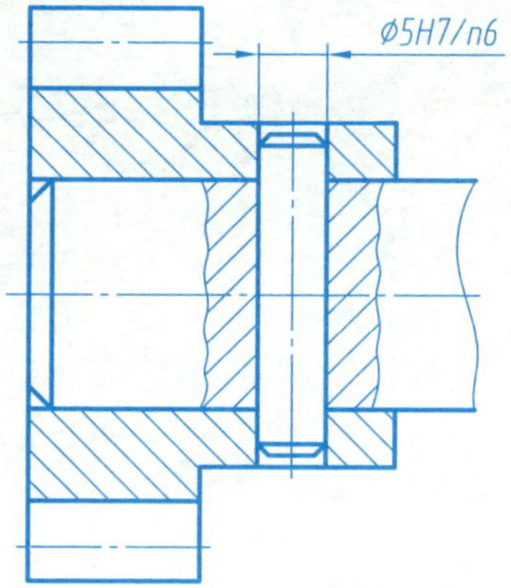

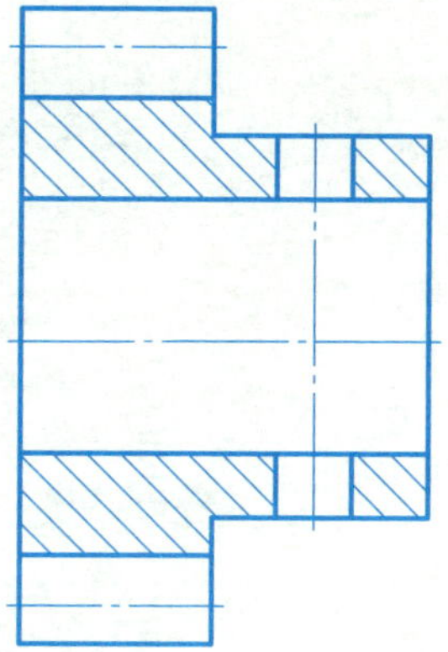

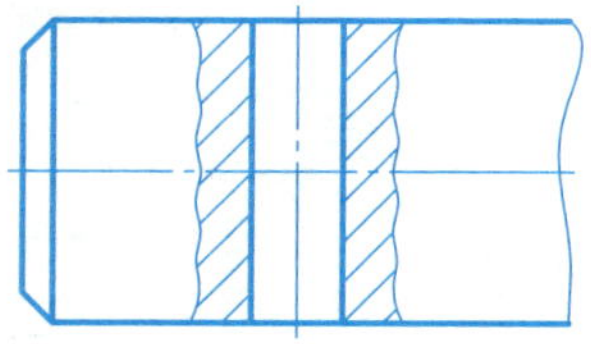

8-7 判断以下各图中尺寸公差的正确性，并选择正确的答案。

① 正确注法是______。

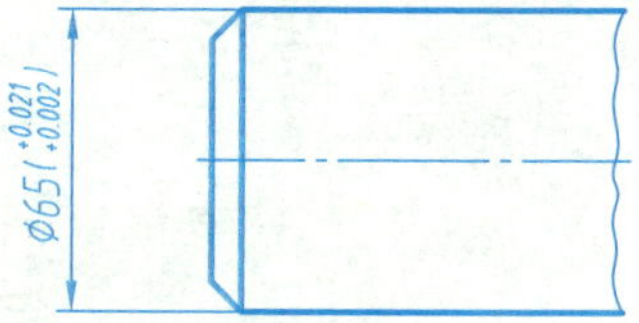

(a)

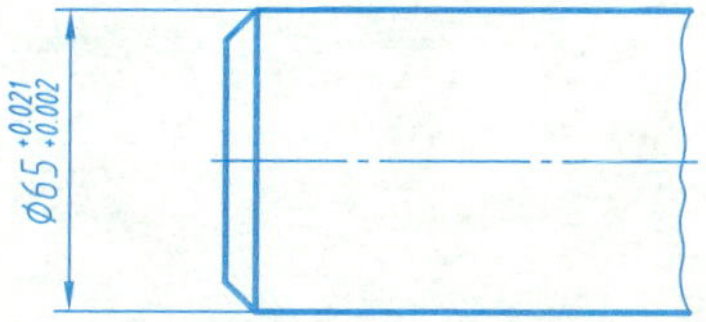

(b)

② 正确注法是______。

(a)

(b)

③ 正确注法是______。

(a)

(b)

④ 正确注法是______。

(a)

(b)

⑤ 正确注法是______。

(a)

(b)

8-8 指出尺寸公差标注的错误，并在下图作出正确的标注。

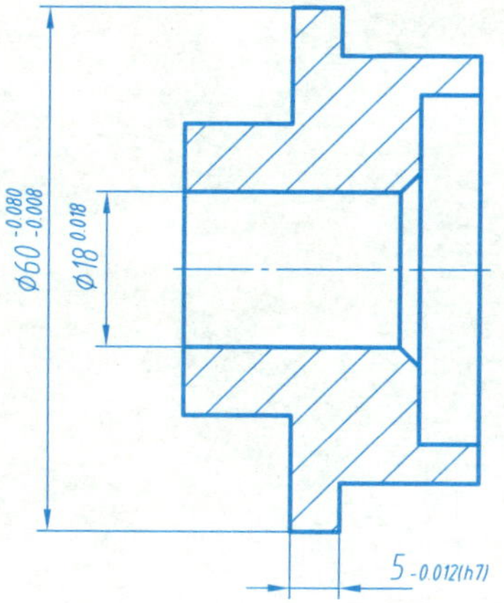

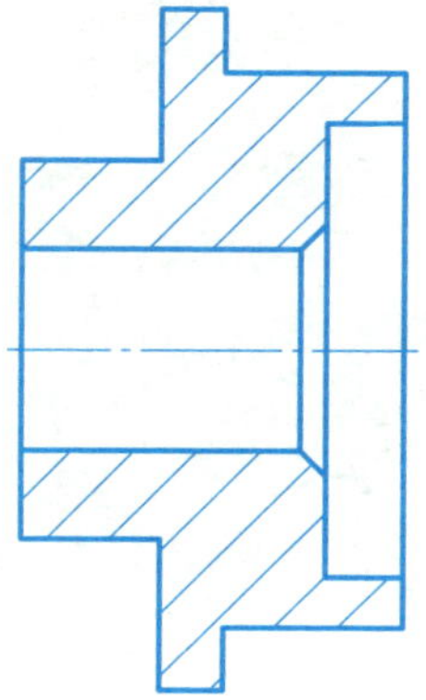

8-9 分析装配图的配合尺寸，分别填写以下三项内容。然后在零件图上分别注出轴和孔的尺寸、公差带代号及偏差数值。

① 公称尺寸 ________，配合制度 ________，配合类型 ________。

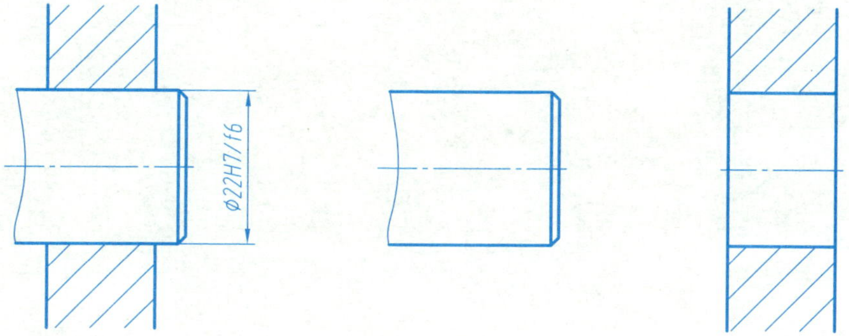

② 公称尺寸 ________，配合制度 ________，配合类型 ________。

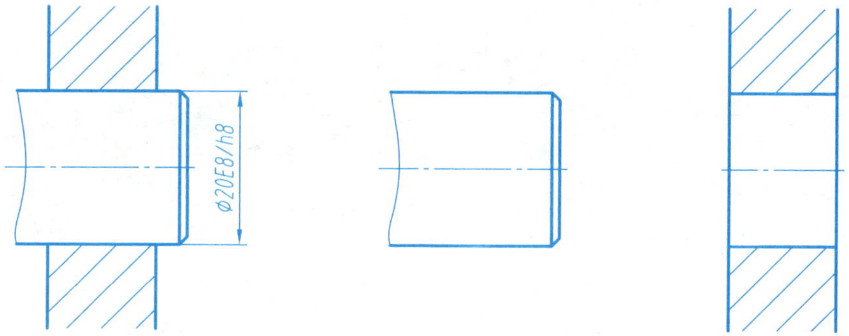

8-10 改正下列图形中几何公差标注的错误，在各图的右侧分别绘出正确的标注图。

①

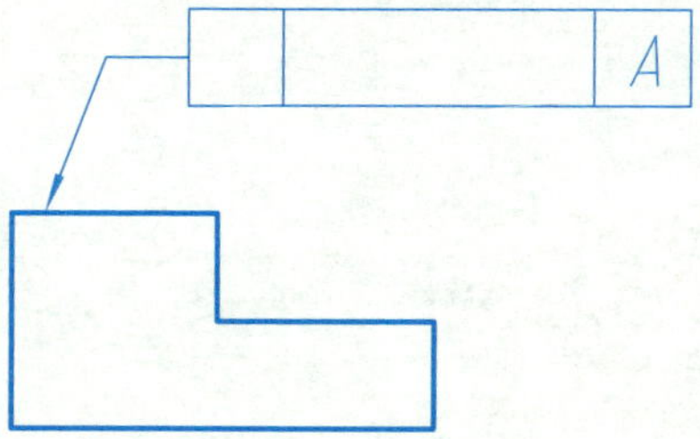

②

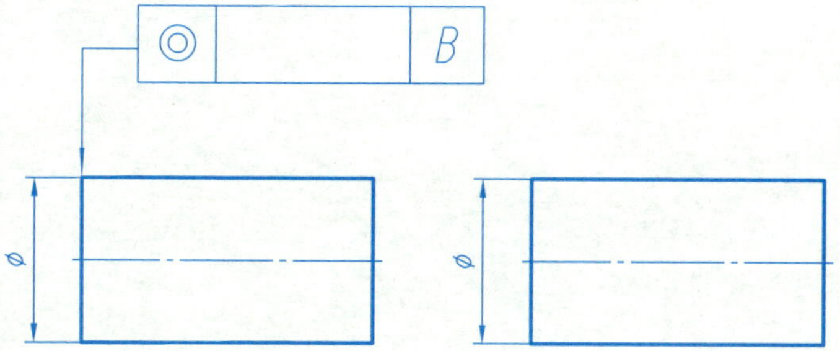

8-11 在零件图中标注下列几何公差。

① ϕ18对ϕ26f6的同轴度公差为ϕ0.15；

② ϕ26f6的圆柱度公差为0.011。

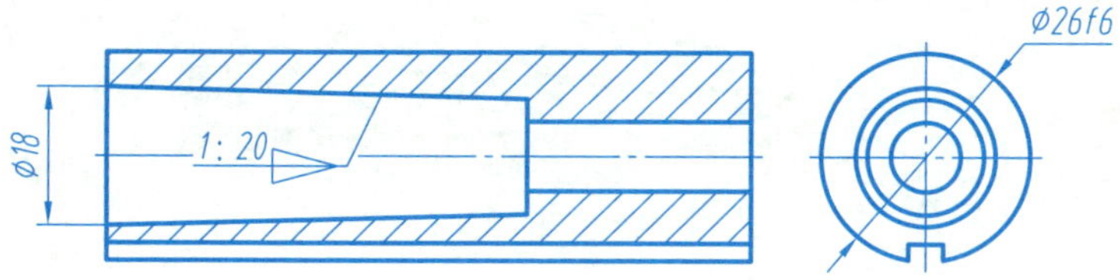

8-12 在零件图中标注下列几何公差。

① 左端面对$\phi80^{\ 0}_{-0.014}$轴线的垂直度公差为0.015；

② $\phi80^{\ 0}_{-0.014}$的圆度公差为0.006；

③ 右端面对左端面的平行度公差为0.05。

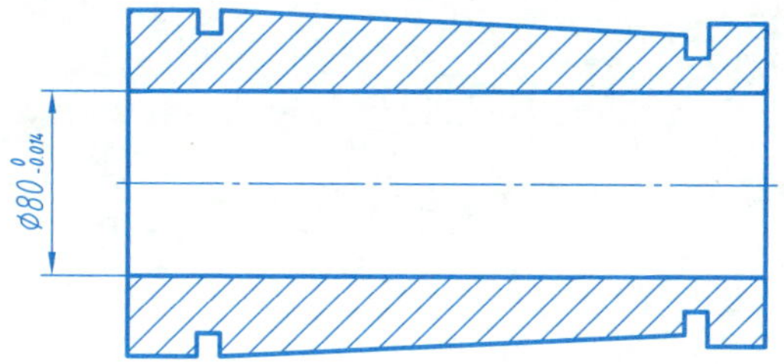

8-13　根据轴测图画零件图（A3图幅）。

名称：阀体

材料：HT150

铸造圆角：R2

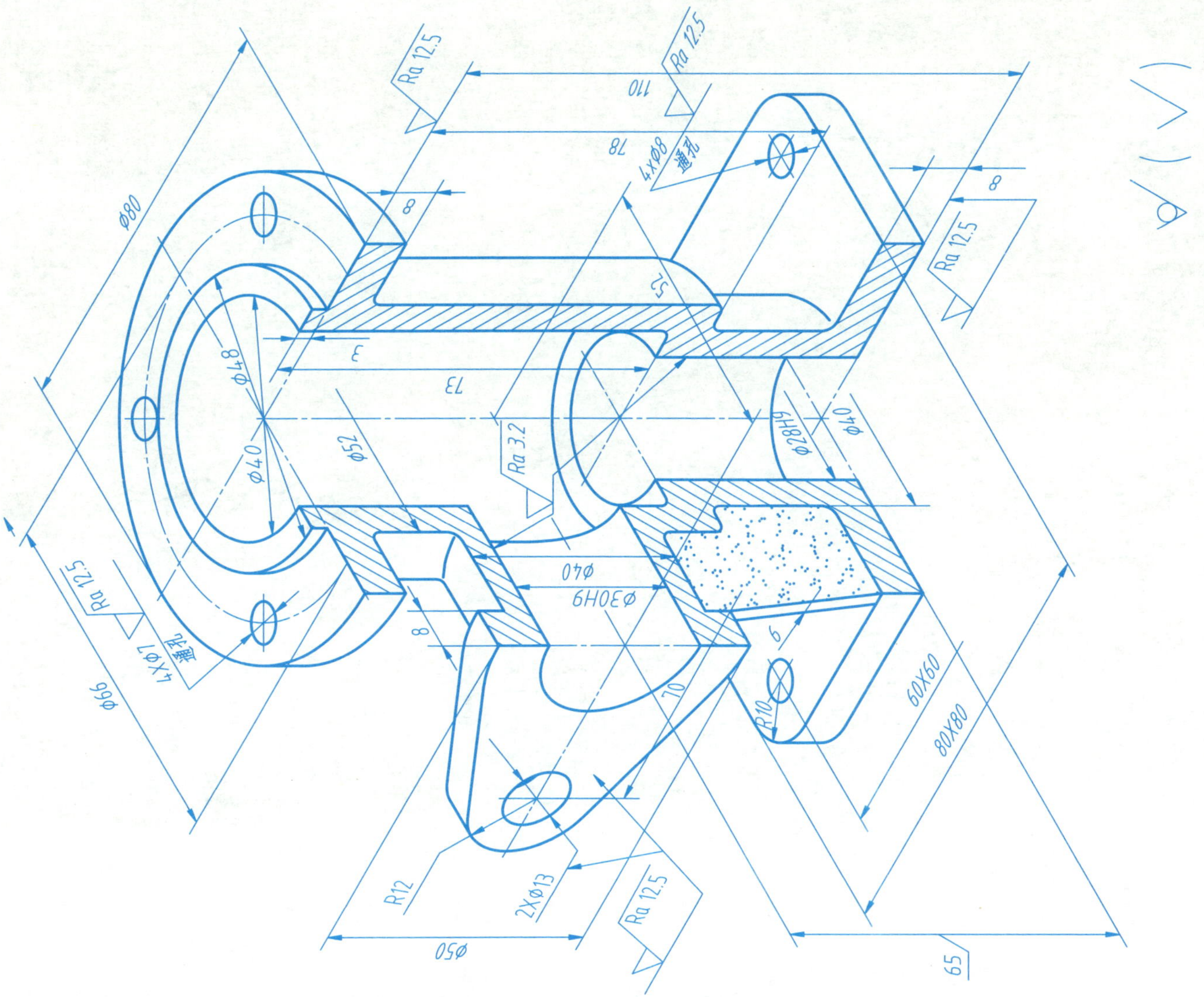

第八章	零件图	班级		学号		姓名		114

一、G1/2阀的工作原理

阀是用来控制管道中液体（气体）通、断和流量大小的开关。旋转阀杆6，改变阀杆上的ø15孔与阀体1上ø15孔的对正程度，即可控制管道中流量的大小。

二、作业要求

1. 对照G1/2阀的轴测装配图和装配示意图，读懂各个零件图（见后页）。
2. 按装配简图所示关系画装配图：
   （1）采用A3图纸，用1∶1的比例画图；
   （2）选好视图方案，表达清楚其结构形状和装配关系；
   （3）标注装配图所需的尺寸；
   （4）编写零件序号及明细栏。

G1/2阀的轴测装配图

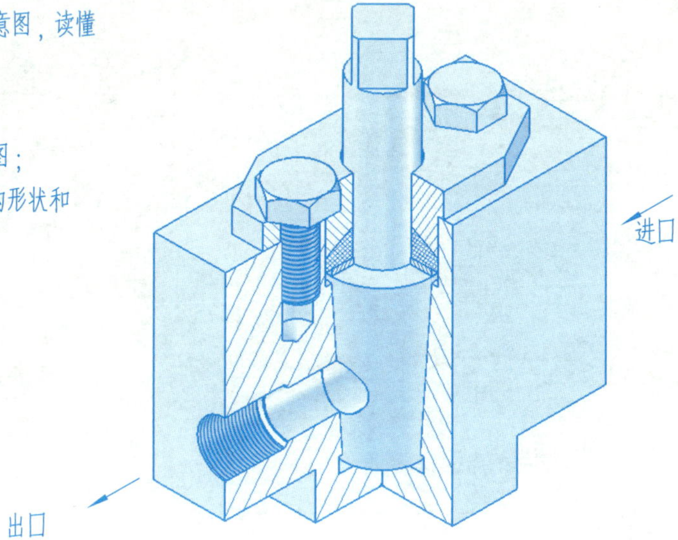

G1/2阀的装配示意图

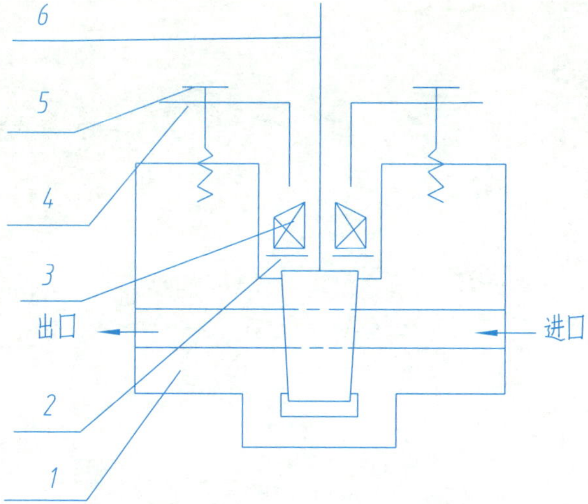

序号	代号	零件名称	数量	材料	备注
6	FA-06	阀杆	1	65	
5	GB/T 5782	螺栓M10X25	2	Q235	
4	FA-04	填料压盖	1	Q235	
3	FA-03	填料	1	石棉绳	无图
2	FA-02	垫圈	1	Q235	
1	FA-01	阀体	1	35	

G1/2阀		比例	
		图号	FA-00
制图		xx大学	
审核			

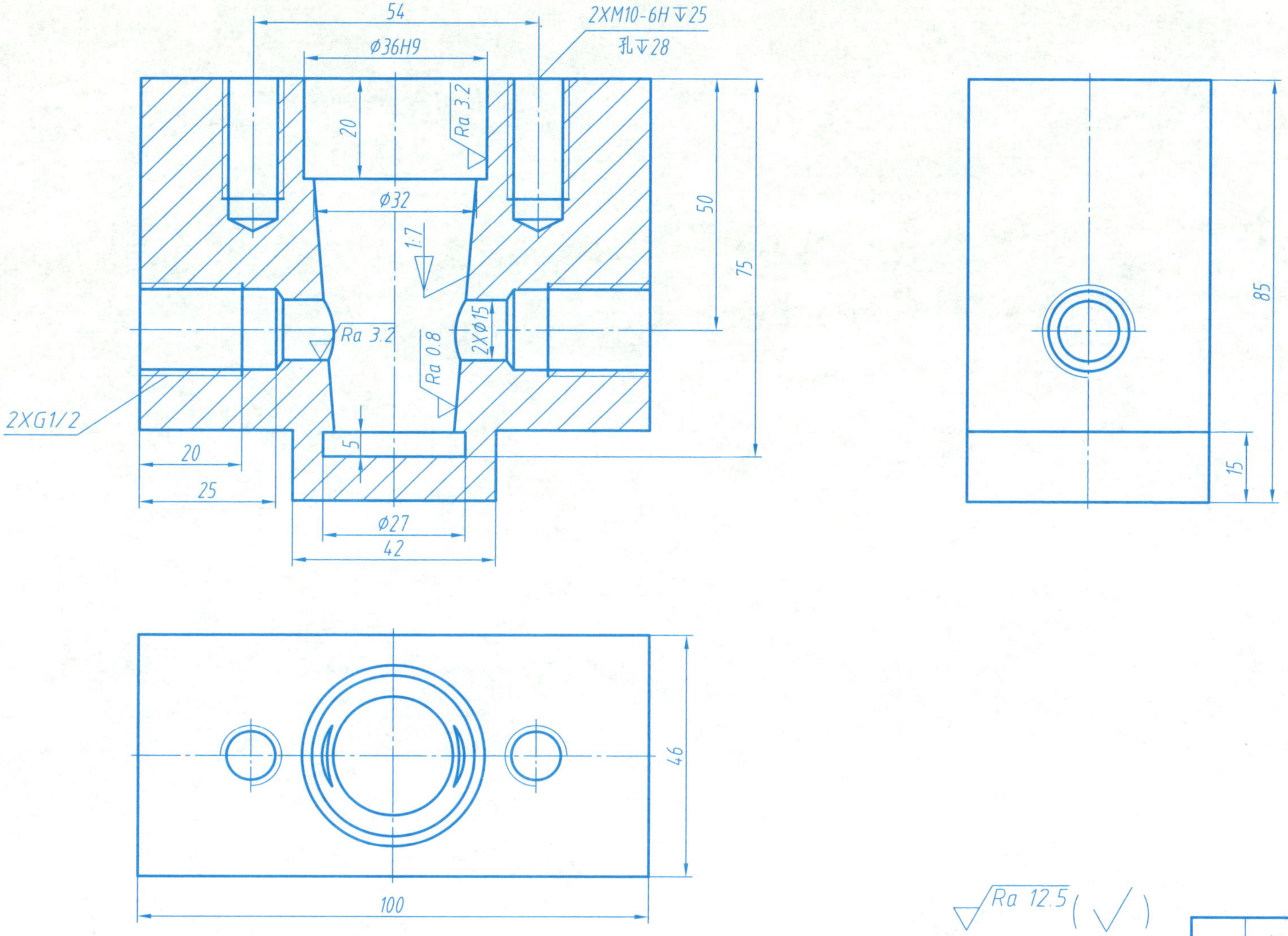

1	阀体	35	1件

第九章	装配图	班级		学号		姓名	

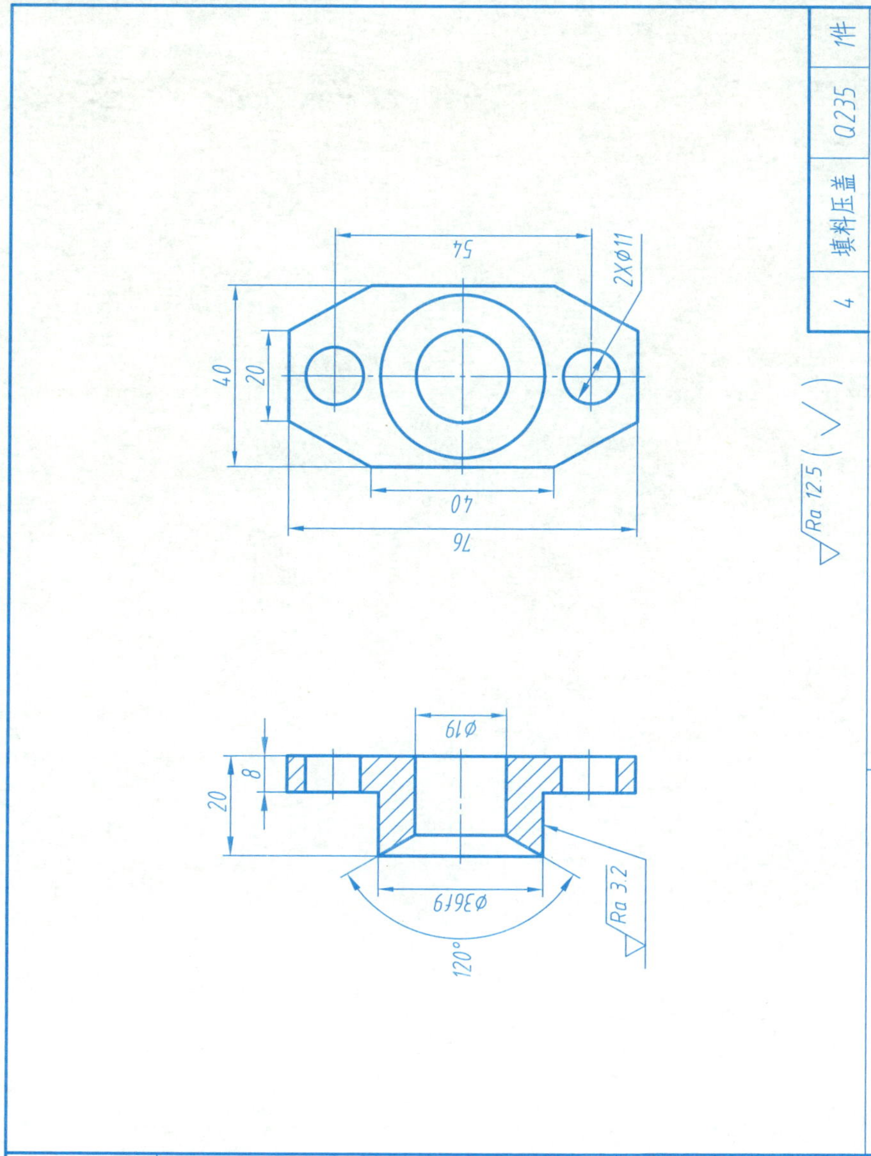
4
填料压盖
Q235
1件
54
2×Ø11
40
20
40
76
Ra 12.5
Ø19
8
20
Ø36f9
120°
Ra 3.2

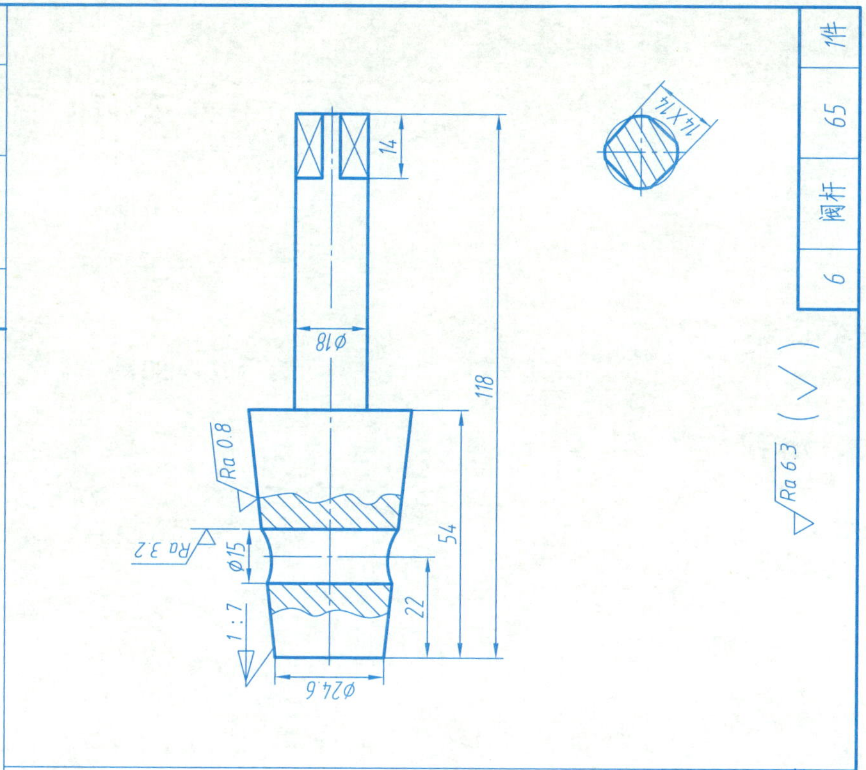
6
阀杆
65
1件
14×14
14
Ø18
118
Ra 0.8
Ra 3.2
Ø15
54
22
1:7
Ø24.6
Ra 6.3

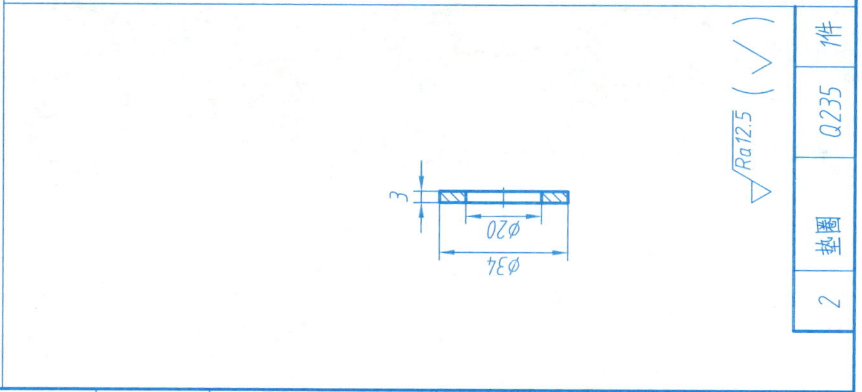
2
垫圈
Q235
1件
Ra 12.5
3
Ø20
Ø34

一、作业说明

该喷射器安装在燃烧室燃料入口处，起控制喷射液体燃料量的作用。

工作时，旋转手轮14，使调节杆3的90°锥面与中间喷嘴4上端孔处出现间隙，于是由上体10的B向孔ø22进入的高压空气通过此间隙从中间喷嘴下端孔高速喷出，注入喷嘴2，并在其上部造成真空，将燃料自下体1的C向孔ø22吸入，即刻在喷嘴内与空气混合，从孔ø3高速喷出雾化，然后由下体的底孔ø26经燃烧室的喷嘴进入燃烧室。

由调节杆的锥面与中间喷嘴之间隙大小来控制高压空气进气量及燃烧量。

下体1设有D向孔ø18的管道口，为接通溢流阀用。当下体底孔压力过大，超过溢流阀调定压力时，雾状燃料即从该孔经溢流阀回收。

为防止气体从调节杆和上体处泄漏，还设有密封装置，由盖螺母13通过填料压盖12压紧填料。上体和下体之间加用垫片5也是为了防止泄漏。

二、作业要求

看懂装配图，选画其中几个零件的草图和工作图。

1. 自己选定视图方案和比例大小；
2. 要表达清楚零件的结构形状；
3. 注全零件的尺寸（用图上给定的比例尺量取图形尺寸）；
4. 标注零件的表面结构代号，其最高要求为Ra1.6 μm。

一、作业说明

该齿轮油泵是应用于铣床的润滑系统。其工作原理是通过在泵体内腔一对齿轮的传动，形成低压和高压两个区域，即可将油从进油孔（低压区）吸入，经出油孔（高压区）输送到机床所需要润滑的部位。

从装配图上看出，它是由泵体1、泵盖4、齿轮6和3等15种零件组成。两根齿轮轴由泵体、泵盖支承。为保证油泵正常工作，使油的压力保持在规定范围之内，在高压区一侧设有调压装置（见俯视图），由钢球11、弹簧12、调节螺钉14、螺母13组成。当高压区油压过高，超过弹簧压力时，就将钢球顶开，油便安全地从高压区流回低压区。

为防止润滑油沿主动齿轮轴渗溢，在泵体上设有密封装置，拧动盖螺母9，通过压盖8将填料7压紧，起到密封作用。在泵体、泵盖间加一垫片10，也是避免在连接处渗漏油，同时用垫片来调整齿轮与泵盖之间的间隙，满足泵的应用要求。

二、作业要求

看懂装配图，弄清楚其工作原理及其视图的表达方法。看懂零件间的装配关系及其各个零件的结构形状大小，然后选画其中几个零件的草图和工作图。

1. 自己选定视图方案和比例大小；
2. 要表达清楚零件的结构形状；
3. 注全零件的尺寸（用图上给定的比例尺量取图形尺寸）；
4. 标注零件的表面结构代号，其最高要求为Ra1.6 μm。

10-1 用AutoCAD抄画下图。

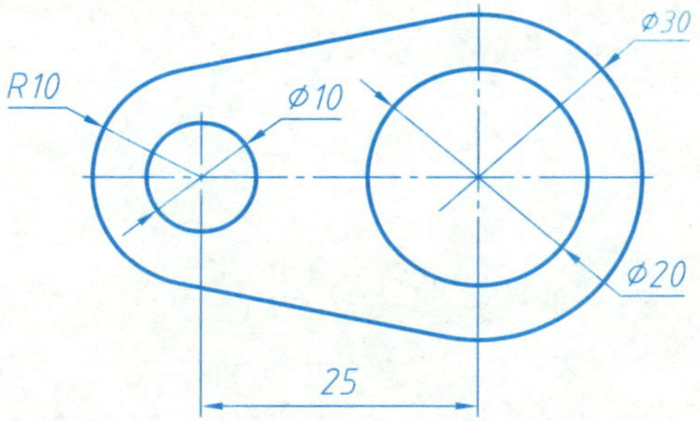

10-2 用AutoCAD抄画全图。

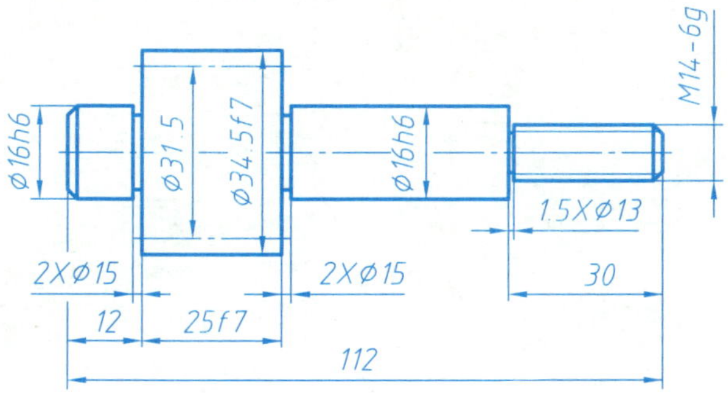

10-3 用AutoCAD抄画下图。

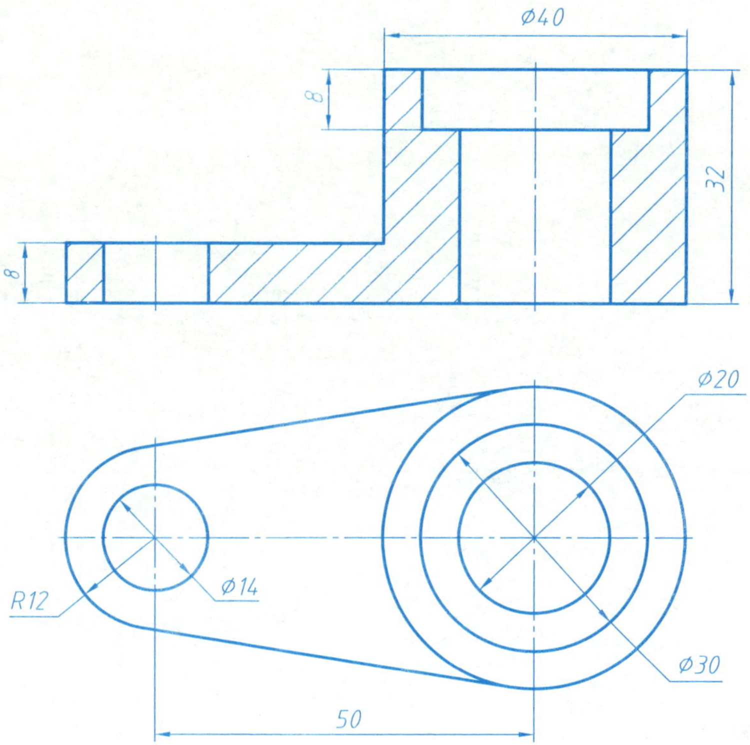

10-4 用AutoCAD抄画全图。

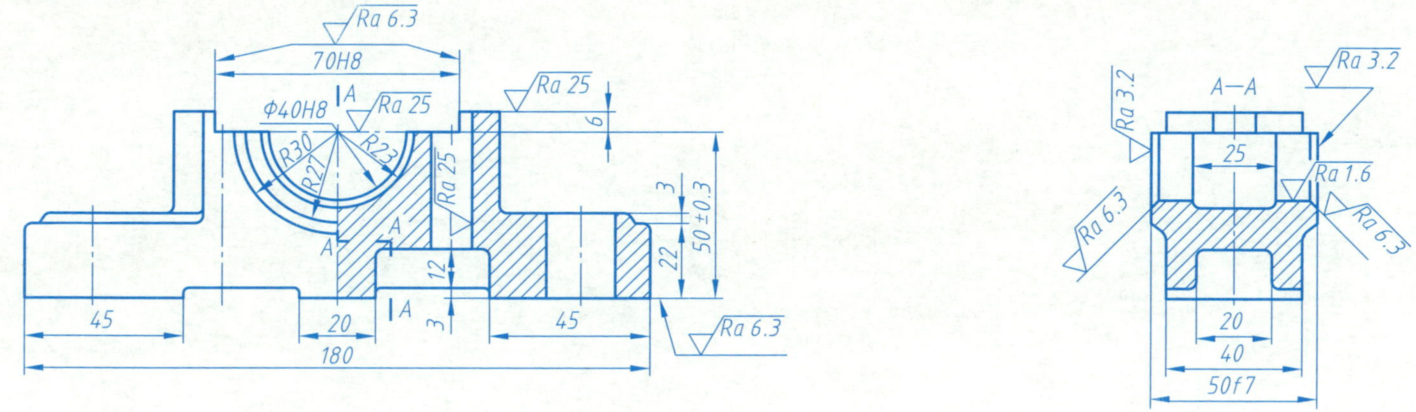

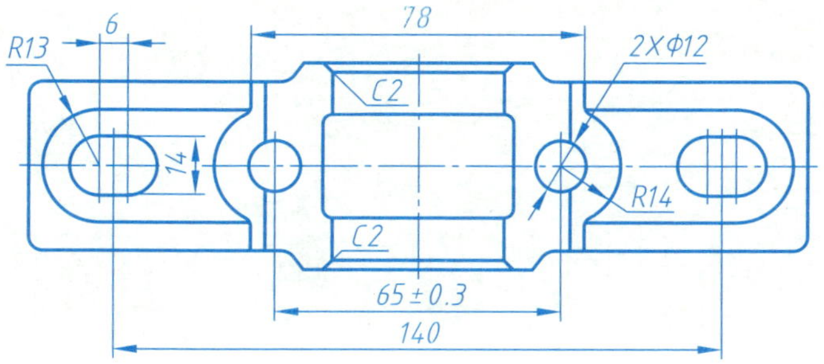

技术要求

1. 未注圆角半径均为R2。
2. 彻底清砂并去除尖角毛刺。
3. 两个Ø12孔、Ø40H8孔与轴承盖同时加工。

轴承底座		材料	HT150	比例	
		数量		共 张 第 张	
制图					
审核					

10-5 基本形体建模。

① 拉伸柱状体建模。

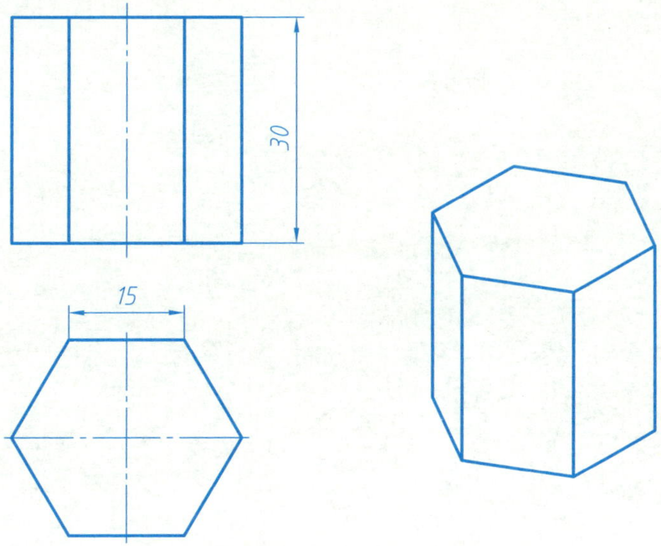

② 旋转回转体建模。

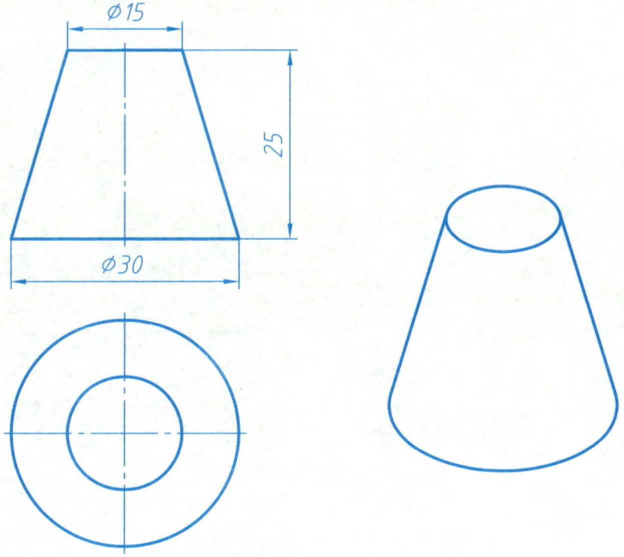

③ 放样锥状体建模。

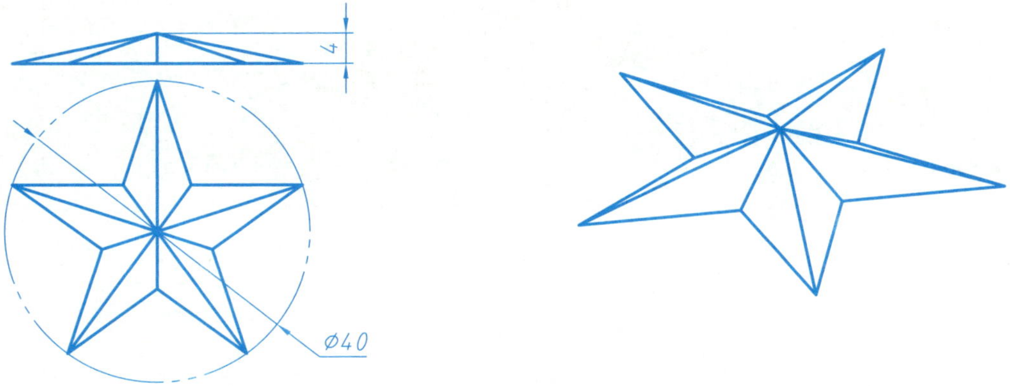

10-6 基本形体叠加、切割建模。

① 相贯体建模一。

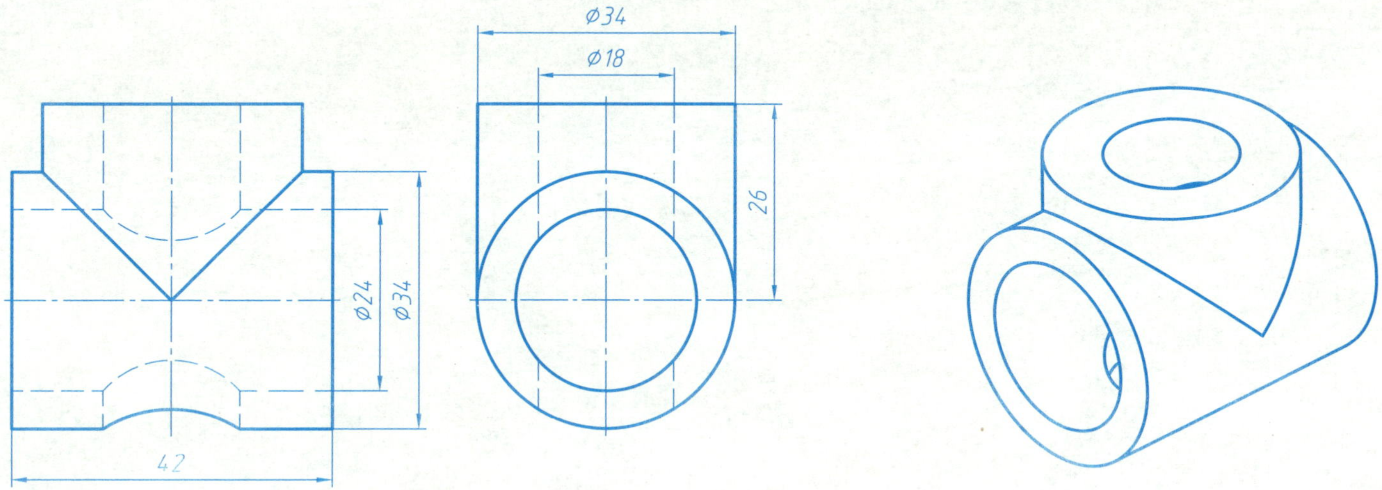

② 相贯体建模二。

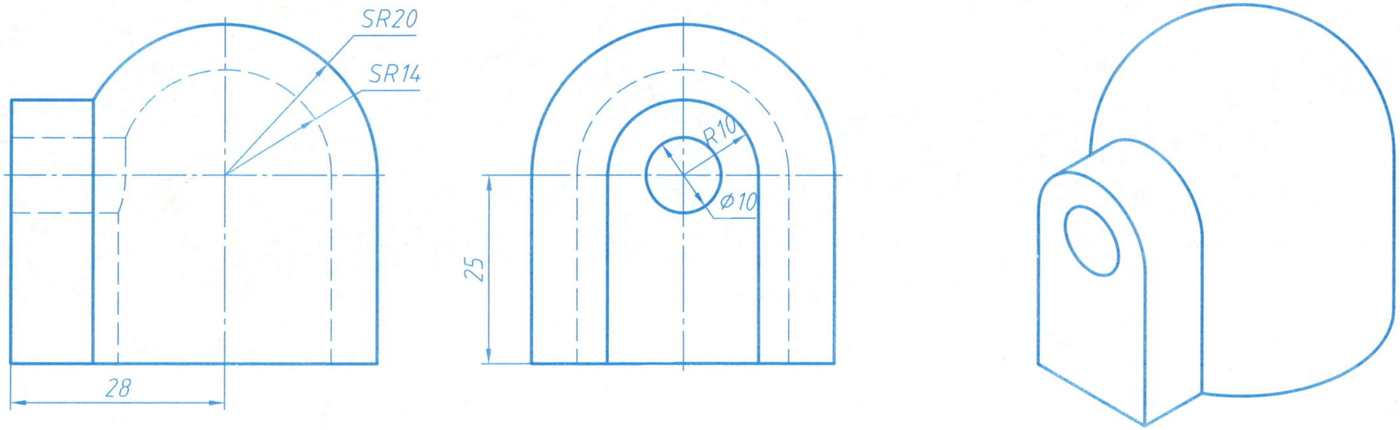

10-7 三维建模综合实例。

① 组合体建模。

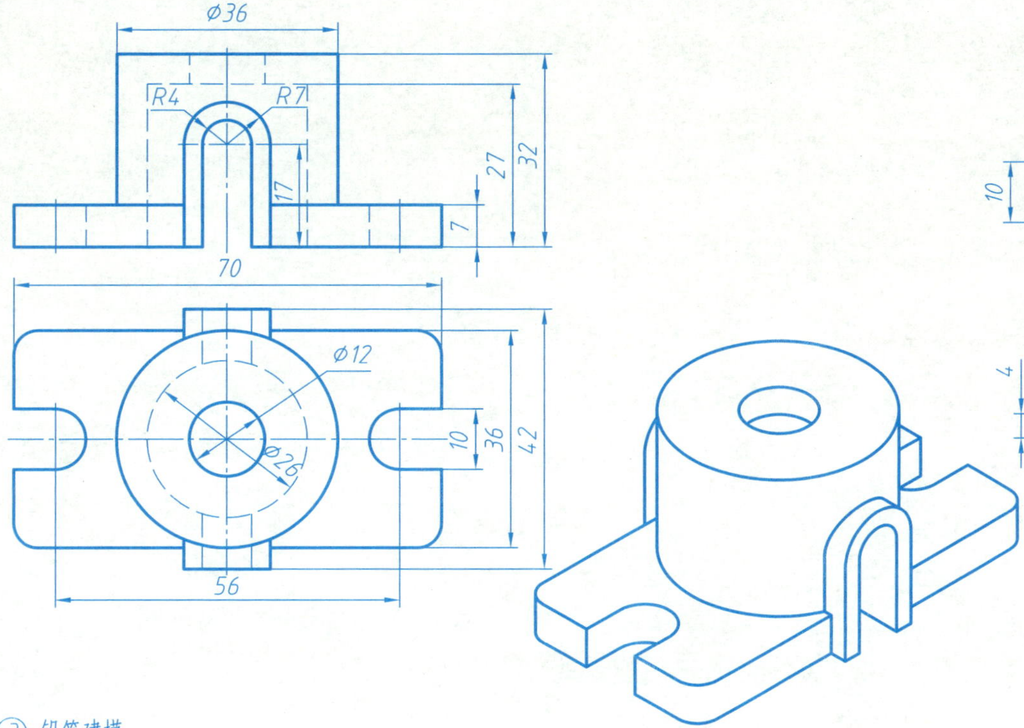

② 乒乓球拍建模。

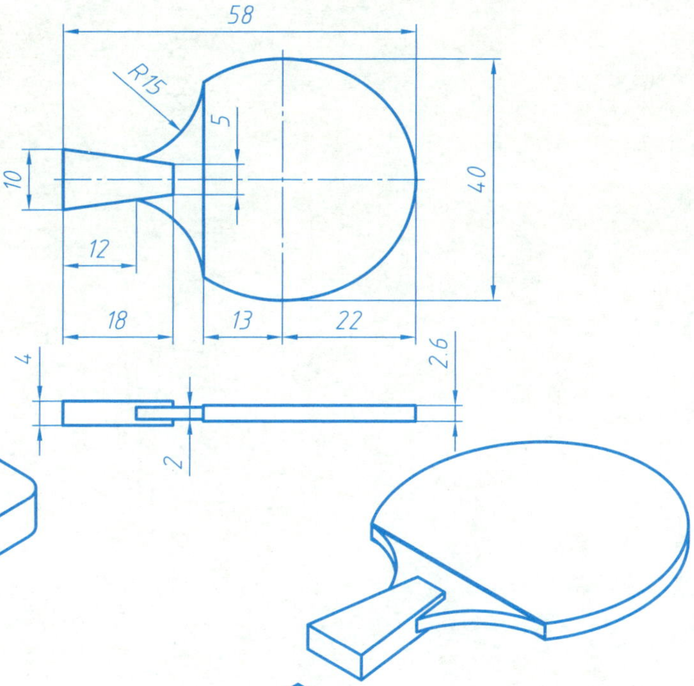

③ 铅笔建模。

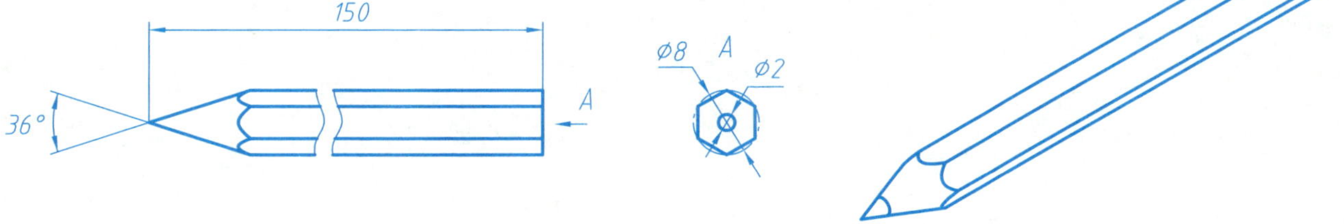

10-8 根据立体的三视图构建三维模型。

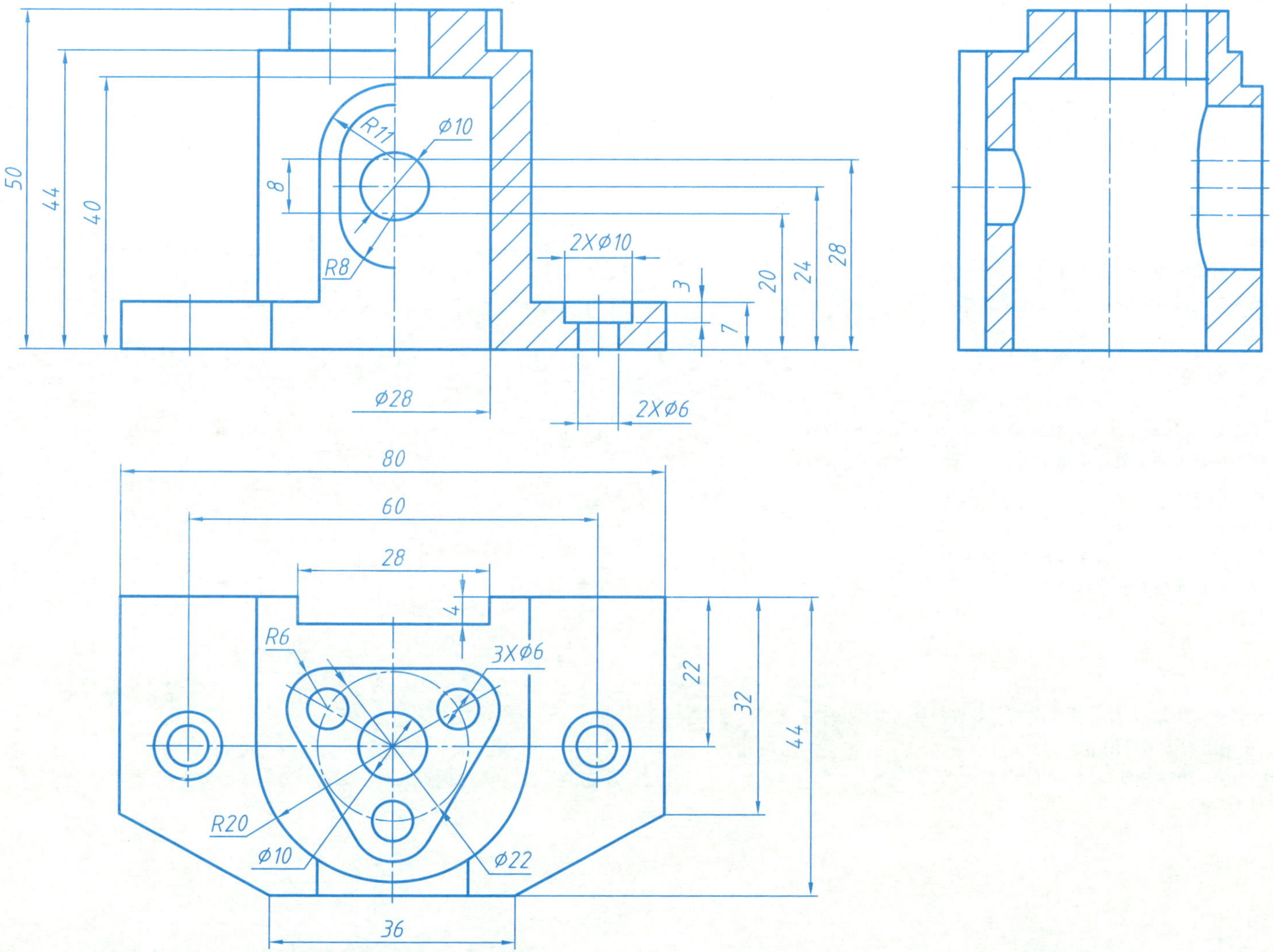

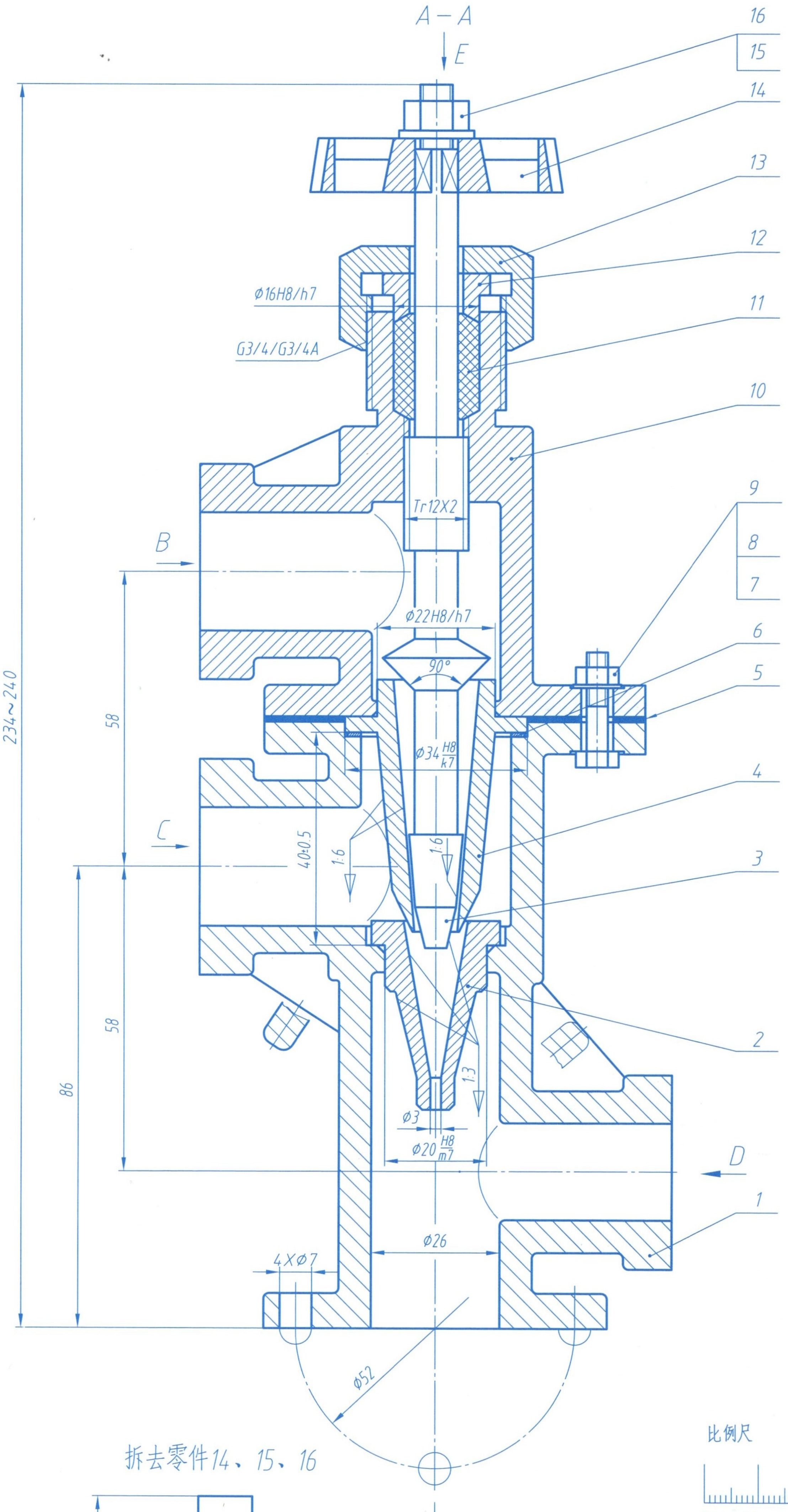

拆去零件14、15、16

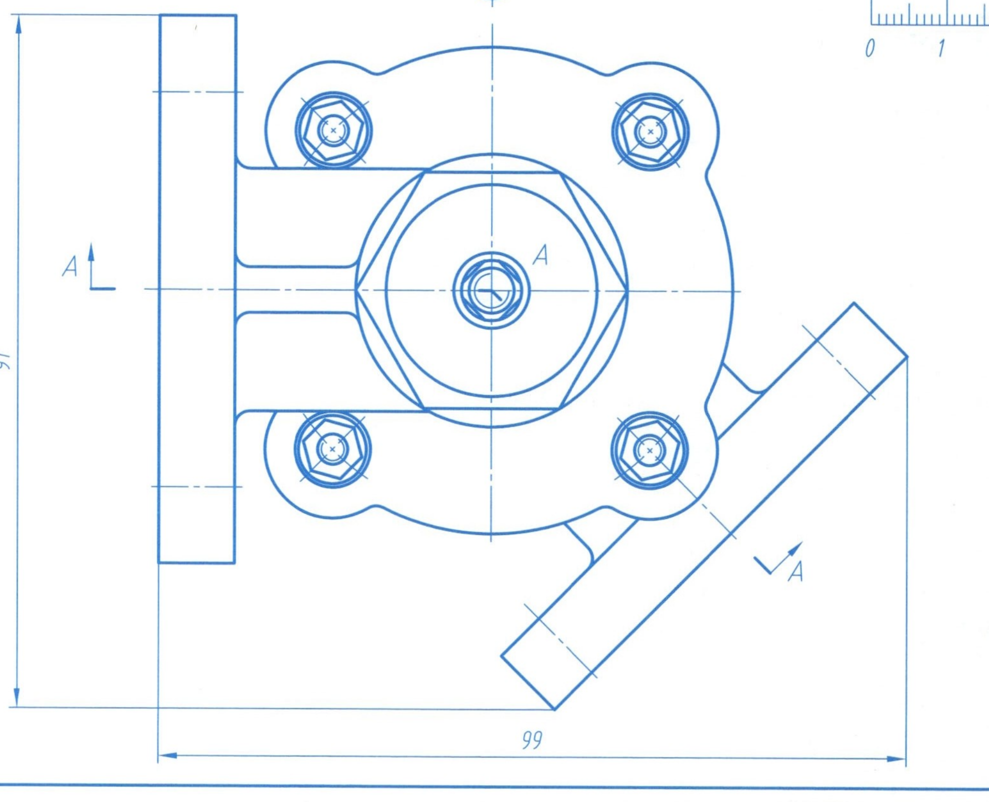

件10 B　件1 C

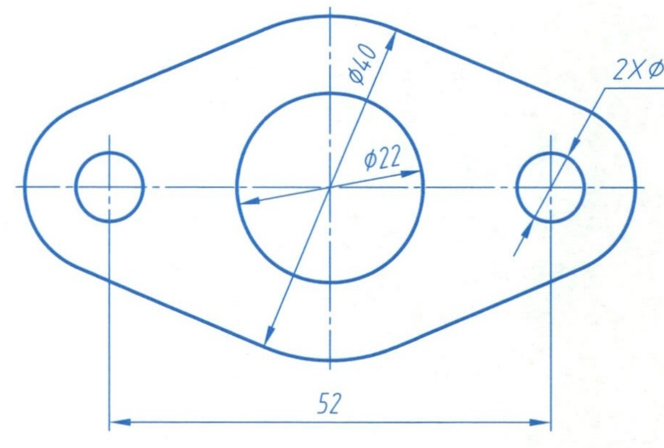

件1 D

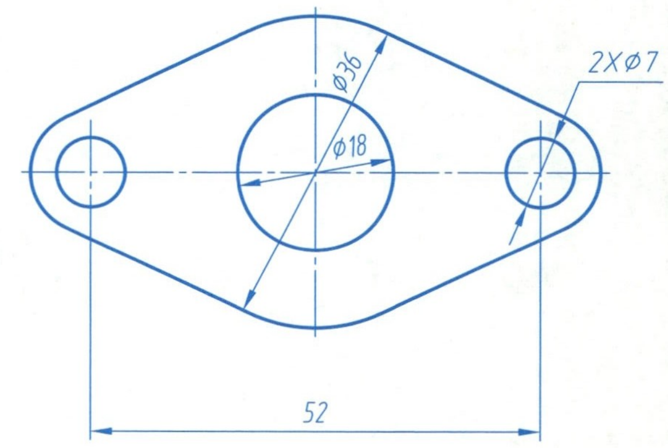

件14 E

技术要求

1. 转动手轮时，升降应灵活。
2. 当阀门阻断时，流体应无泄漏现象。
3. 通过调整垫片的厚度来控制中间喷嘴和喷嘴之间的间隙大小。

比例尺

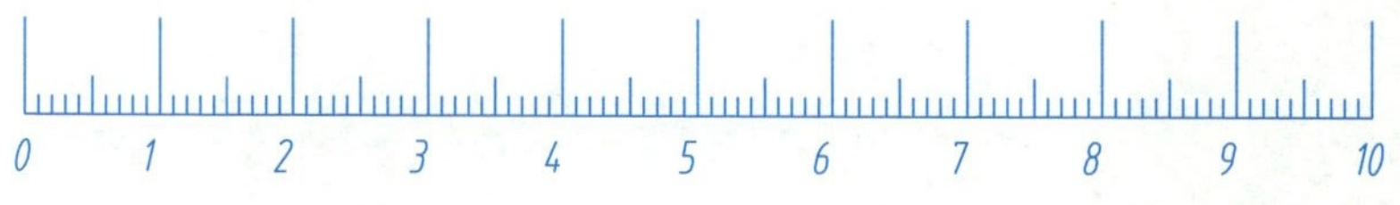

序号	代号	零件名称	数量	材料	备注
16	GB/T 6170	螺母M6	1	Q235	
15	GB/T 97.1	垫圈 6	1	Q235	
14	PSQ-14	手轮	1	HT150	
13	PSQ-13	盖螺母	1	ZQSn6-6-3	
12	PSQ-12	填料压盖	1	ZQSn6-6-3	
11	PSQ-11	填料		石棉绳	
10	PSQ-10	上体	1	HT150	
9	GB/T 97.1	垫圈 4	4	Q235	
8	GB/T 6170	螺母M4	4	Q235	
7	GB/T 5782	螺栓M4X20	4	Q235	
6	PSQ-06	调整垫片	1	工业纸	
5	PSQ-05	垫片	1	橡胶	
4	PSQ-04	中间喷嘴	1	ZQSn6-6-3	
3	PSQ-03	调节杆	1	ZQSn6-6-3	
2	PSQ-02	喷嘴	1	ZQSn6-6-3	
1	PSQ-01	下体	1	ZQSn6-6-3	

喷射器		比例	
		图号	PSQ-00
制图		XX大学	
审核			

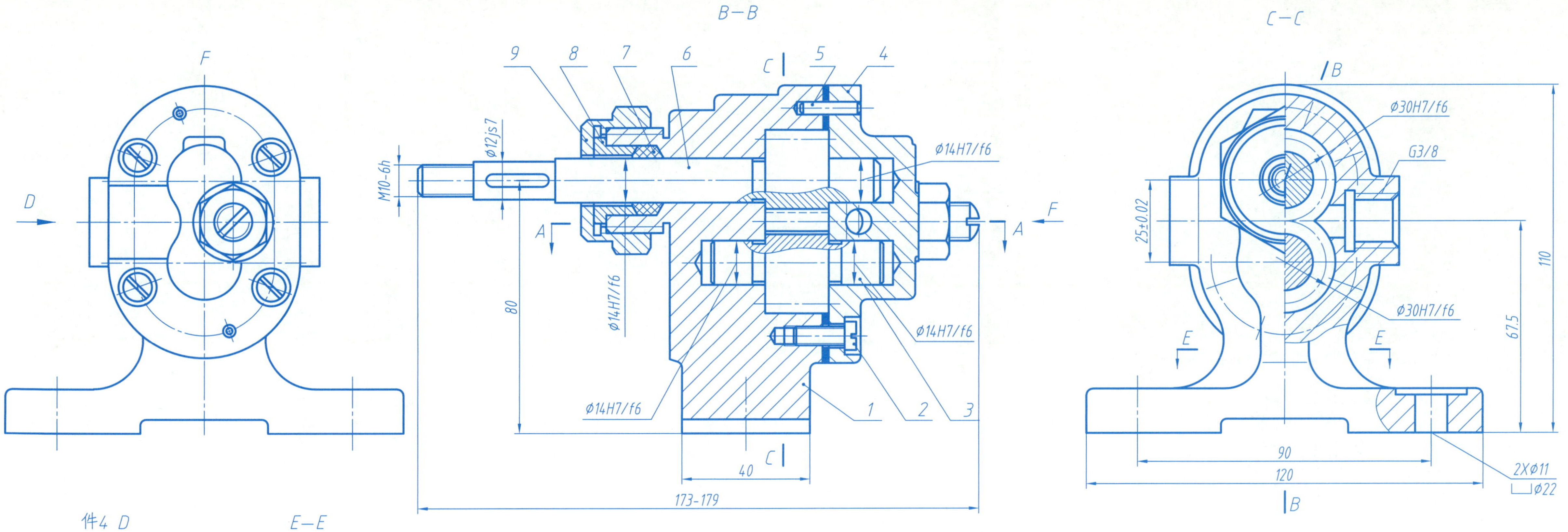

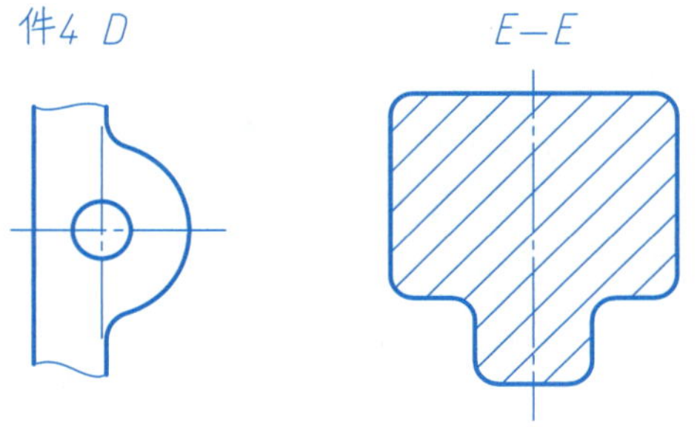

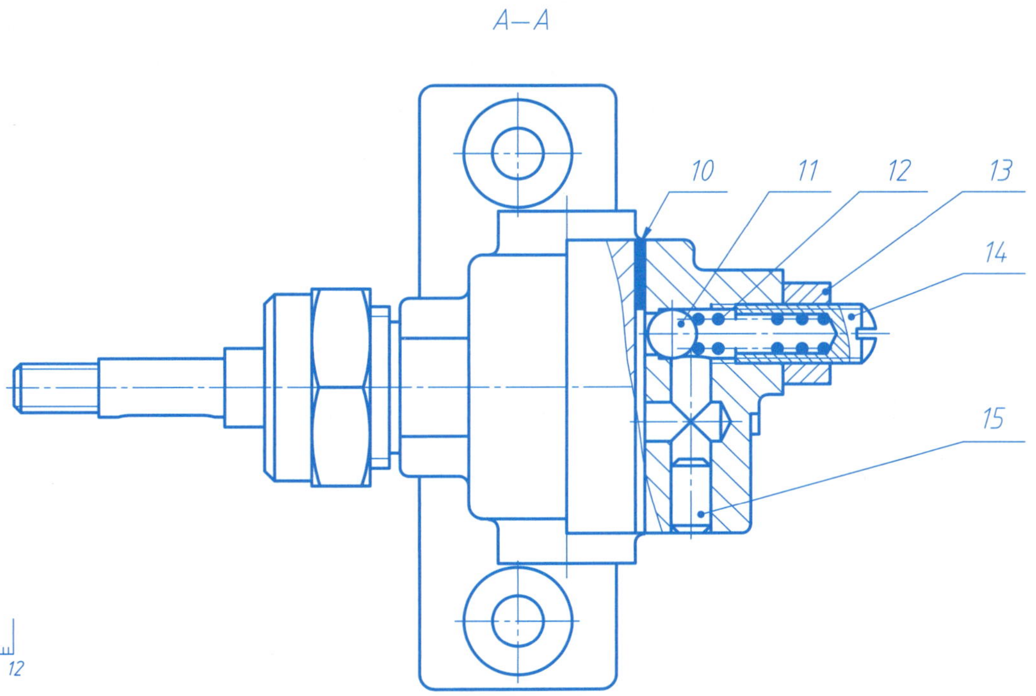

技术要求

1. 转动方向仅有一种，不得反向运转。
2. 油泵在进行油压试验时，所有密封装置处不得漏油。
3. 泵体和泵盖之间可用衬垫调整齿轮端面与泵盖的间隙，保证最小间隙为0.02~0.06 mm。

比例尺

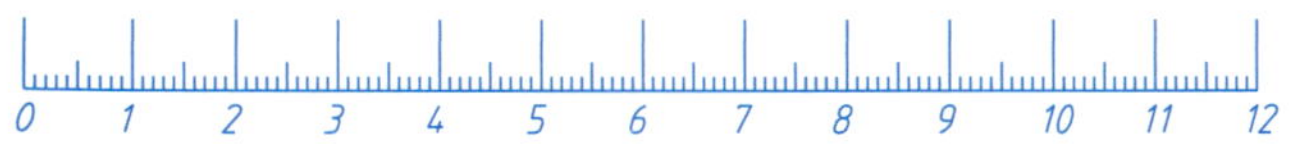

序号	代号	零件名称	数量	材料	备注
15	CB-15	柱塞	1	Q235	
14	CB-14	调节螺钉	1	H62	
13	GB/T 6170	螺母M12X1.25	1	Q235	
12	CB-12	弹簧	1	65Mn	
11	GB/T 308	钢球10DN	1	GCr6	
10	CB-10	垫片	1	工业纸	
9	CB-09	盖螺母	1	H62	
8	CB-08	压盖	1	H62	
7	CB-07	填料	1	油绳	
6	CB-06	主动齿轮	1	45	z=10，m=2.5
5	GB/T 119.1	销B3X20	2	Q235	
4	CB-04	泵盖	1	HT150	
3	CB-03	从动齿轮	1	45	z=10，m=2.5
2	GB/T 65	螺钉M6X16	4	Q235	
1	CB-01	泵体	1	HT150	

齿轮油泵		比例	
		图号	CB-00
制图		XX大学	
审核			